Guidance and
Counselling

生活指導すきまスキル 72

小学校低学年
1〜3年

堀　裕嗣
宇野　弘恵　編著

明治図書

まえがき

　再び,こんにちは。堀裕嗣です。

　「学級経営すきまスキル」に続いて,「生徒指導・生活指導すきまスキル」の刊行です。これまた,小学校低学年版・高学年版・中学校版を編集させていただくことになりました。今回もまた,宇野弘恵・大野睦仁・山下幸の三氏に編集のご協力をいただきました。心強い三氏です。

　本シリーズの最も大きな特徴は,それぞれのスキルの解説が「ハード編」「ソフト編」の二つに分かれているところです。少なくとも僕らはそう思っています。本書ではこの「ハード」と「ソフト」の書き分けが,前著の「学級経営……」よりもわかりやすいとも感じています。

　生徒指導・生活指導ならば,「ハード」は生徒指導的になりますし,「ソフト」は教育相談的になります。前者は厳しい指導で,後者は優しい指導と言っても良いでしょうし,前者は教師主導の指導で,後者は子ども主体の指導であると言い換えても良いでしょう。少し難しい言葉を使うなら,前者は「規律訓練型」の指導と言えますし,後者は「環境管理型」の指導と言えます。もちろん,学校教育の具体的な指導ですから,完全にどちらかに分けるなんてことはできません。その意味ではこの段落に多用した「的」とか「型」とかという接尾語が絶対にはずせません。

　時代は来たるべき道徳の教科化,アクティブ・ラーニング,そして「深い学び」にまっしぐらです。学校現場もそ

まえがき

のための教育課程の整備に大忙しです。しかし，そういうときこそ，実は子どもたちが置いてけぼりになる。そんな印象があります。新学力観のときも，ゆとり教育のときもそうでした。「心の教育」のときも，「学力向上路線」のときもそうでした。長年この仕事をやっていると，その矛盾に心が痛みます。どんな理想の教育が語られようとも，どんな時代にあっても，子どもたちにとっては学校は「生活」の場であって，「理想を実現する」場ではないわけですから。

　教師が理想を追わなければならないときほど，そう焦らなければならないときほど，子どもの実態と乖離しないように自らを戒めなければならない，時代に流され翻弄されるだけの自分にならないように足下に目を向けなければならない。そんなふうに思います。

　生徒指導・生活指導はまさに，そんな学校現場の足下を対象としています。子どもたちが学校生活を送るうえで最低限必要なこと，時代が変わっても生活をするうえで出てこざるを得ない現象，教育課程が変わっても必ず存在する学校定番の行事で起こり得るトラブル，そんなことを対象としています。これらをうまく裁けない，これらをうまく機能させられない，そんな教師の現実が「理想の教育」の足を引っ張ります。そんなことにならないために，少しでも力になれば……。そう思って生徒指導・生活指導の「すきま」を集めてみました。みなさまの教師生活に少しでも役立つなら，それは望外の幸甚です。　　　　堀　　裕嗣

contents

まえがき　2

第1章 「手のかかる子・幼稚な子」指導スキル32

【本書の構成】

本書はそれぞれのテーマについて，

ハード編：教師主導の「規律訓練型」の指導技術

ソフト編：子ども主体の「環境管理型」の指導技術

という形で，2つのポイントとなる視点から分けてまとめています。

あわせて読んでいただき，ご活用いただければ幸いです。

1　親子関係を把握する／ハード編 ……… 8
2　親子関係を把握する／ソフト編 ……… 10
3　成育歴を把握する／ハード編 ………… 12
4　成育歴を把握する／ソフト編 ………… 14
5　登校しぶりをする／ハード編 ………… 16
6　登校しぶりをする／ソフト編 ………… 18
7　すぐ泣く子／ハード編 ………………… 20
8　すぐ泣く子／ソフト編 ………………… 22
9　すぐいじける子／ハード編 …………… 24
10　すぐいじける子／ソフト編 …………… 26
11　じっとできない子／ハード編 ………… 28
12　じっとできない子／ソフト編 ………… 30
13　奇声をあげる子／ハード編 …………… 32
14　奇声をあげる子／ソフト編 …………… 34
15　後片付けができない子／ハード編 …… 36
16　後片付けができない子／ソフト編 …… 38
17　行動が遅い子／ハード編 ……………… 40

contents

- 18 行動が遅い子／ソフト編 ……………… 42
- 19 何でも許可を求める子／ハード編 …… 44
- 20 何でも許可を求める子／ソフト編 …… 46
- 21 すぐに保健室に行きたがる子／ハード編 … 48
- 22 すぐに保健室に行きたがる子／ソフト編 … 50
- 23 鼻くそをほじる子／ハード編 ………… 52
- 24 鼻くそをほじる子／ソフト編 ………… 54
- 25 性器いじりする子／ハード編 ………… 56
- 26 性器いじりする子／ソフト編 ………… 58
- 27 不衛生な子／ハード編 ………………… 60
- 28 不衛生な子／ソフト編 ………………… 62
- 29 おもらしをしたとき／ハード編 ……… 64
- 30 おもらしをしたとき／ソフト編 ……… 66
- 31 嘔吐・鼻血が出たとき／ハード編 …… 68
- 32 嘔吐・鼻血が出たとき／ソフト編 …… 70

第2章 「気になる子・やんちゃな子」指導スキル24

- 1 すぐ叩く・蹴る子／ハード編 ………… 74
- 2 すぐ叩く・蹴る子／ソフト編 ………… 76
- 3 暴言や悪口を吐く子／ハード編 ……… 78
- 4 暴言や悪口を吐く子／ソフト編 ……… 80
- 5 威張る・仕切る子／ハード編 ………… 82
- 6 威張る・仕切る子／ソフト編 ………… 84
- 7 人の嫌がることをする子／ハード編 … 86
- 8 人の嫌がることをする子／ソフト編 … 88
- 9 ものをとる子／ハード編 ……………… 90
- 10 ものをとる子／ソフト編 ……………… 92
- 11 嘘をつく，ごまかす子／ハード編 …… 94
- 12 嘘をつく，ごまかす子／ソフト編 …… 96
- 13 不要物を持ってくる子／ハード編 …… 98

⑭ 不要物を持ってくる子／ソフト編 … 100
⑮ ルールを守って遊べない子／ハード編 … 102
⑯ ルールを守って遊べない子／ソフト編 … 104
⑰ 勝ち負けに異常に拘る子／ハード編 … 106
⑱ 勝ち負けに異常に拘る子／ソフト編 … 108
⑲ すぐに先生に言いつける子／ハード編 … 110
⑳ すぐに先生に言いつける子／ソフト編 … 112
㉑ お手付き発言が多い子／ハード編 … 114
㉒ お手付き発言が多い子／ソフト編 … 116
㉓ ごめんなさいが言えない子／ハード編 … 118
㉔ ごめんなさいが言えない子／ソフト編 … 120

第3章 「学習規律・生活規律」指導スキル16

① 座り方を教える／ハード編 …………… 124
② 座り方を教える／ソフト編 …………… 126
③ 聞き方を教える／ハード編 …………… 128
④ 聞き方を教える／ソフト編 …………… 130
⑤ 話し方を教える／ハード編 …………… 132
⑥ 話し方を教える／ソフト編 …………… 134
⑦ 並び方を教える／ハード編 …………… 136
⑧ 並び方を教える／ソフト編 …………… 138
⑨ 気をつけ・礼を教える／ハード編 … 140
⑩ 気をつけ・礼を教える／ソフト編 … 142
⑪ 返事・あいさつの仕方を教える／ハード編 … 144
⑫ 返事・あいさつの仕方を教える／ソフト編 … 146
⑬ 整然と整列，移動させる／ハード編 … 148
⑭ 整然と整列，移動させる／ソフト編 … 150
⑮ トイレの使い方を教える／ハード編 … 152
⑯ トイレの使い方を教える／ソフト編 … 154

あとがき　156

「手のかかる子・幼稚な子」
指導スキル32

第1章● 「手のかかる子・幼稚な子」 指導スキル32

親子関係を把握する

　家族の形が多様になり，家族の在り方も構成も複雑化しています。家庭環境調査票からだけではわからない家族の歴史や変遷，事情があり，それが子どもたちの成長に影響していることも少なくありません。

　友だちや社会との結びつきを重視し始める思春期と違い，家族，とりわけ親との関わりが大きい低学年。親子関係を把握することは，子どもを理解することと直結していると言っても過言ではありません。

親から直接探る

　普段の関わりの中だけでは，親子関係を把握することに限度があります。保護者と直接接する機会に，親子関係を探ります。

傾向と対策

1 参観日に探る

　低学年は，参観日に保護者が来ることをとても楽しみにしています。普段以上にはしゃいだり緊張したり，張り切ったり恥ずかしがったりするものです。しかし中には，保護者に来てほしくない，嫌だという子もいます。

　そういう場合は要チェック。本当は来てもらいたいけれ

ど何らかの理由があって来られない,その寂しさを紛らわすために強がっている可能性もあります。この場合は,
「宇野さんのお母さん,今日は来たかったけれど来られないんだってね。でも,先生が宇野さんのがんばる姿をお母さんに教えるからね。張り切って勉強してね」
と勇気づけます。

あるいは,「ちゃんとしなさい」「手を挙げなさい」など,保護者が過度に子どもに期待をかけている場合もあります。度が過ぎると,子どもにストレスが溜まり,暴力的になったり自虐的になったりすることがあります。この場合は,子どものがんばっている過程や様子を細かに伝えるようにします。参観日は照れてできないけれど,普段はもっと積極的に発言しますよ,と伝えることが効果的です。

2 家庭訪問で探る

家庭訪問に出かけると,学校では見られない様子を知ることができます。せっかくの機会ですので,保護者が子どもにどう関わっているかを観察します。

部屋に子どもの写真や賞状がたくさん飾ってある場合は,子どもを可愛がっている証拠。しかし,溺愛していたり,盲目的だったりする場合もあります。居間に辞典や絵本がたくさんある場合は,教育熱心な家庭。子どもへの期待も高い傾向にあります。また,子どもへの愚痴や悩みばかりを話す場合は要注意。愛情の裏返しで,子どもに強い期待を抱いている場合があります。

(宇野　弘恵)

第1章●「手のかかる子・幼稚な子」 指導スキル32

2 親子関係を把握する ソフト編

　登校しぶり，不衛生，遅刻や欠席が多い，爪を噛むなどが見られる場合，親子関係に起因していることも少なくありません。問題行動が見られた場合，親子関係を把握することによって，適切な関わり方を見極められることがあります。

見えない裏側を見る

　家族のことはプライベートでデリケートな部分です。教師だからと言って，土足で個人の問題に立ち入ることは憚られます。しかし，子どもの成長に影響があること，懸念事項がある時には，何らかの手段を用いて親子関係を把握する必要があります。

傾向と対策

1 絵や文を見る

　「お母さんの絵を描きましょう」「お父さんの作文を書きましょう」と気軽に言えない時代になりました。多様な家族形態に配慮した課題の提示が必要です。

　しかし，学校にいない間，どんな生活を行っているか，保護者がどう関わっているかを知ることは必要です。

　そこで，次のようなお題で文や絵をかかせます。

・日曜日の夕方	・夏休み一番の思い出	・お正月
・今日の朝７時	・最近家族でしたこと	・お風呂
・私の誕生日	・うちの家族	・つめ切り

　学級の状況によっては配慮が必要な場合もありますが，家族や家族との関わりが垣間見えるテーマでかかせます。「水曜日はミニ作文」「金曜日は５分間お絵かき」などと決めておくと，定期的に観察することができます。
　また，それらをもとに保護者や子どもと話すこともでき，問題解決の糸口になる可能性もあります。

2　提出物から見る

　一般的に，低学年の場合は特に，提出物の期限を守って提出するご家庭は子どもに関心が向いていると言われています。反対に，提出物の遅れが目立つご家庭は，子どもへの関心が薄く子どもが手をかけられていない傾向にあります。遅れ，汚れがあった場合でも子どもを責めないことが，親子関係の悪化を抑制します。

3　兄弟・姉妹を見る

　「姉は新しくて清潔な服，妹はよれよれの汚れた服」など，兄弟・姉妹で明らかに差がある場合も要注意です。その子だけが家族の中で虐げられている可能性があります。努めてその子に目をかけることと，保護者によさをこまめにフィードバックすることが大事です。

（宇野　弘恵）

第1章● 「手のかかる子・幼稚な子」 指導スキル32

成育歴を把握する

支援の必要な子どもが自信をもって楽しく学校生活を送るためには，その子に適した指導・支援を行うことが必要です。そのために，子どもの実態をより確かに把握することが必要です。

成育歴を把握する必要性

担任は，気になる子が困っていること・苦手にしていることを的確に理解し，個に応じた指導・支援を考え，できるだけ早く指導・支援を始めることが大切です。課題を解決するための有効な指導・支援の方法を考える際，学習や生活上の課題の原因と背景を知っておくと，解決の糸口になる場合があります。また，育ってきた環境や性格などの情報を短期間で集めることは，適切な指導・支援の取り組みをより早く始めることへとつながります。

傾向と対策

1 幼稚園・保育園の担任と話す

就学前に行う幼稚園・保育園の担任との引き継ぎでは，「指導・保育要録」の内容を参考に子どもの実態を把握します。小学校は幼稚園・保育園と違い，規則正しい時間に沿って勉強を学びます。さらに自分の机の周りやロッカー

第1章 「手のかかる子・幼稚な子」 指導スキル32

の片付けなど,自分でしなければならないことも増えてきます。そのため,「人間関係」と「言葉」の項目を中心に子どもの様子について質問します。

〈質問の例〉
・言葉で自分の気持ちを伝えることができますか。
・大勢の人の中や何かに夢中になっているときに指示をしても理解できますか。
・お友達と楽しく遊べますか。

引き継ぎの中で気になる行動や反応の話が出てきたら,具体的な支援の方法と,行動や反応を軽減する環境づくりについても聞いておきます。

2 保護者と話す

新学期が始まると家庭訪問が行われます。家庭訪問は,保護者からできるだけ多く子どもの成長の情報を得ることができる時間です。例えば,幼稚園・保育園の頃や,前学年のエピソード,転居や家族関係の変化の経験,高熱が出たり入院したりしたことの有無,家族とのかかわりで気になることがないかを尋ねます。そして話の中で気になる行動や反応が出てきた場合,気になる行動はいつ・どのようなときに見られ,どのようにおさまっていくのかを尋ねます。ただし,話の内容は子どもを取り巻く環境に関わります。保護者の思いとプライバシー保護に配慮しながら慎重に話を進めていきます。

(梅田　悦子)

第1章● 「手のかかる子・幼稚な子」 指導スキル32

4 成育歴を把握する ソフト編

気になる子に対して適切な指導・支援を行うために，把握した成育歴からその子が抱える困り感の原因を探り，行動傾向を把握します。

継続した支援につなげるために

子どもが抱える困り感には，担任だけで対応してはいけません。効果的な支援が続くように，学年・学校全体でその子の実態を共有します。その後，指導・支援の方針を確認し，指導・支援を開始します。必要があれば方針を見直し，個に応じた指導・支援へとつなげていきます。また，誰もが気になる子に適切な指導・支援ができるように，情報を整理しておきます。

傾向と対策

1 情報を共有して対応の方針を確認する

学年で集めた情報を共有します。育ってきた環境と身体や心の発達の道筋から，気になる行動や反応の原因を考えます。対処療法的な指導・支援にならないように，「なぜ気になる行動や反応をとってしまうのだろう？」という視点で考えることが大切です。次に「どこで」「誰が」「どのくらいの期間」「どんな環境をつくり，どのように関わる」

と気になる行動や反応を軽減できるのか,見通しを立てます。登下校など学校以外の場所でも支援の必要が考えられる場合は,学校全体で情報の共有と,指導・支援の方針を確認します。

2 指導・支援の効果を確かめる

確認した指導・支援の方法の効果を確かめます。観察の方法としては,行動の観察,提出物や作品やノート,本人との面接などが考えられます。この時も「なぜ?」という視点で観察することが大切です。また担任だけでなく,養護教諭や専科など複数の目で観察すると,より多くの情報を集めることができます。1か月ほど観察と記録を続けたら,指導・支援の効果を見直します。望ましい効果が見られなかった場合は,集めた情報とその子の成育歴を見直して,指導・支援の方針を改善します。

3 情報を整理する

入学や進級・進学の際に必要な情報を確実に引き継げるように,個人ファイルを作成します。このファイルには,就学前と学校に入学してから受けた指導・支援の方法と子どもの変化,有効な手立ての記録を綴ります。また,就学前に幼稚園・保育園の担任から聞いた園での様子,保護者から聞いたエピソードや,家族構成を含む家庭の状況の記録も綴っておきます。情報が漏洩しないように,指導要録,家庭環境調査等と同じように管理をし,学校間で情報交換する時は親書扱いとします。

(梅田　悦子)

第1章● 「手のかかる子・幼稚な子」 指導スキル32

登校しぶりをする

低学年の登校しぶりをする子どもは，自分の気持ちをうまく表現できないことがよくあります。玄関先ではあんなに嫌がっていたのに，教室に入るとケロッとして楽しそうに生活している……ということもよくあります。

保護者と連携しながら対応する

登校しぶりといっても，家さえ出れば自力で来られる程度から，学校に来られないような状態まであります。担任は登校をしぶりがちな児童の保護者と連絡を取り合って，子どもの状態を把握していることが大切です。何時に家を出たか，朝はどのような様子だったか等，様子がわかっていることで，登校した時の対応は随分と変わります。

傾向と対策

1 自力で登校してきた場合

親が子どもを家から出せば自力で学校に来られる場合は，登校してきたらすぐに明るく挨拶し，話しかけます。手早く朝の支度をさせ，読書や自習などに取り組ませるとよいでしょう。他の児童と同じ活動の流れに乗ることで沈んだ気分をリセットし，気分転換できます。

第1章 「手のかかる子・幼稚な子」 指導スキル32

② 親と一緒に登校してきた場合

あらかじめ玄関で待っていて,登校と同時に保護者から子どもを引き取ります。担任は明るい雰囲気で話しかける一方,保護者はすぐに帰ってもらうように打ち合わせておきます。話しかけられる人を先生や周りの友だちにすることで,子どもの気持ちを学校に向かわせます。泣いてしまう場合は,保健室や玄関近くの特別教室でクールダウンする時間をとり,落ち着いてから教室に向かうようにします。

③ 学校に来られない時

保護者とよく相談し,児童の不安を解消していく必要があります。状況によっては家庭訪問をして保護者・児童と面談します。必要であれば自宅ないしは自宅近くまで迎えに行くことなどの対策をとることで,安心して学校に来られるようにします。ただ,毎日迎えに行くことを継続することは困難なので,この角までは自分で来る,友だちと来るなど教師の関わりを減らしながら自力で登校できるように働きかけます。そのような関わりをする一方で,その子が学校においてどのようなことを不安に感じているかを分析し,対応していきます。

（増澤　友志）

第1章● 「手のかかる子・幼稚な子」 指導スキル32

6 登校しぶりをする ソフト編

　登校しぶりの背景には，子どもの心の中にある不安があります。子どもがうまく表現できない気持ちを読み解き，丁寧に対応していくことで，子どもは安心して学校に来られるようになります。

登校しぶりは十人十色

　登校しぶりの原因は多岐にわたりますが，子ども自身がその原因を理解しているとは限りません。担任がうまく原因を突き止められない場合は，保護者に不安を聞いてもらい，教えてもらうことも必要になります。

傾向と対策

1　人間関係に原因がある場合

　まず第一に，いじめが原因ではないか探ります。そうであれば学級全体への指導も同時に進め，早急に解決します。

　いじめに至らなくても，ちょっとした意地悪などが原因の場合もあります。クラス・学年での出来事にとどまらず，他学年の児童や児童館での出来事が原因になっている場合もあります。人間関係のトラブルは，事実関係を確認してすぐに解決していく必要があります。

② 学習や行事に原因がある場合

　難しい学習内容や，異学年交流などの行事が心理的なストレスになっていることもあります。活動の見通しをもち，活動に慣れることで解決する場合もありますが，子どもによっては特別な支援が必要かどうか検討していきます。子どもの発達の特性によるものであれば，特別支援コーディネーターと相談したり，ケース会議などを活用したりして対処法を考えます。

③ 通学そのものに原因がある場合

　特に１年生の場合，通学そのものに困難を感じる場合があります。通学路のゴミ捨て場にカラスが集まって怖い，大通りを越えるのが怖い，学区域の端なので学校まで遠くて不安……そうしたことも登校しぶりの一因となります。そうした場合は近隣に住む上級生にお願いし，一緒に通学してもらうようにします。６年生がいればより効果的です。

④ 家庭の状況が原因の場合

　母親が働き始めたり，赤ちゃんが生まれたりするなど，家庭の状況が変化すると落ち着かなくなることがあります。そうした場合には時間がかかることもあります。保護者には，こうしたことがよくあることや，徐々に解消されていくことなどを伝え，慌てずどっしりと構えてもらえるようにサポートします。保護者の心理的安定が，子どもの安心感につながります。

　登校しぶりには様々な理由があります。子どもと保護者に寄り添い温かい対応をすることが大切です。（増澤　友志）

第1章●「手のかかる子・幼稚な子」指導スキル32

すぐ泣く子

休み時間が終わる前に泣きながら戻ってくる子や,授業中にぼろぼろ泣き始める子。特に低学年は,自分の感情を「泣く」ことで表現します。

気持ちの切り替えに価値づけをする

「泣く」ことで気持ちが整理され,すっきりすることもあります。しかしいつまでも泣いていては,何の解決にもなりません。児童が自分で気持ちを切り替え,次の行動に進んでいけるように,「自律心」を芽生えさせることが大切です。

傾向と対策

1 落ち着くまで待つ

泣いている時にあれこれ理由を聞いても,児童は説明することができません。「痛い思いはしてないですか。涙が止まったらお話を聞かせてね」とだけ伝え,落ち着くのを待ちます。落ち着いた頃を見計らって「自分で涙を止められたね」と気持ちの切り替えを価値づけします。

2 授業時間以外で解決する

授業中に泣き出したり,休み時間と授業時間にまたがって泣いていたりする場合があります。すぐに理由を聞き,

第1章 「手のかかる子・幼稚な子」 指導スキル32

解決したくなりますが，ぐっと我慢します。「授業より泣いている子が優先だ」と暗に示すことになりかねないからです。泣いている

児童には怪我や痛い思いをしていないかを聞き，「何か悲しいことがあったのかな。勉強が終わったら話を聞かせてね」と言い，授業を進めます。児童が授業に向かい始めたら，「気持ちを切り替えることができましたね」と価値づけします。授業が終わったら，すぐに話を聞きます。

3 泣いた理由を探る

「すぐ泣く」理由には，「喧嘩をした」「失敗をした」など様々なことが考えられます。問題を解決するため，児童自身が自分の気持ちを整理するためにも，泣いた理由を探っていきます。児童の説明をもとに時系列で出来事や気持ちを聞き，ホワイトボードや紙に書き残しておきます。事実確認や振り返りを行う時に役立ちます。複数の子どもたちが関わっている場合は，周囲にいた児童からも状況を聞き取ります。

話を聞いた後は「理由がよくわかったよ。また悲しくなったらお話しして教えてね」と伝え，同じことが起こった時にどう行動すればよいか見通しをもたせます。

(辻村　佳子)

第1章●「手のかかる子・幼稚な子」 指導スキル32

8 すぐ泣く子

ソフト編

年度途中から「すぐ泣く」様子が見られる場合や、特定の状況（登校時や休み時間）になると泣く様子が見られる場合は、家庭環境や友人関係の変化に要注意です。

安心できる環境づくり

「仕事が忙しくなった」「赤ちゃんが生まれた」などの家庭環境の変化は、児童の精神状態に影響します。家庭と連絡を取り合って状況を把握すれば、児童に寄り添った対応ができます。また、友人関係の把握に努め、安心して学校生活を送ることができるようにすることも大切です。

傾向と対策

1 家庭との連携を図る

電話連絡の場合、学校でのがんばりから伝えます。その上で「すぐ泣く」事実を伝え、家庭での様子（ご家庭での表情、気になること、学校での話をしているかなど）を聞いていきます。学校での話をしていないとわかった場合には、児童に「音読ですらすら読めていたね。お家の人にがんばりを伝えておくからね」と声かけをします。その日のうちに授業でのがんばりを保護者に伝えれば、話をするきっかけになる可能性があります。

第1章 「手のかかる子・幼稚な子」 指導スキル32

2 安心できる場づくり

①登校時

児童が登校してきたら笑顔で「おはようございます」と声をかけます。声が暗い,表情が硬いようだったら,「よく学校に来たね。がんばって来たのだね」と優しい声で対応します。

②休み時間

自由に使える時間だからこそ「誰と何をして良いかわからない」と感じる児童もいます。教室を一人でうろうろしていたり,席に座って何もしていなかったりするなど,所在のなさが感じられた場合は,「外の畑に水やりしに行きたいのだけど手伝ってくれない?」などと提案し,外へ誘います。簡単な仕事を与えたり,友だちの輪の中に一緒に入って遊んだりします。

3 泣いている友だちにどう声をかけるか

泣くと「どうしたの?」「何かされたの?」と周囲から注目を浴びることができます。だから「友だちに心配してほしくて」すぐ泣く場合があります。しかし何度も「すぐ泣く」ことが続くと「また泣いている」と相手にされなくなっていきます。泣いている児童に対して過剰な反応をせず,「大丈夫?先生を呼んでくるね」と提案したり,泣きやむまでそっとしておいたりすることを,学級全体に指導しておきます。(辻村 佳子)

第1章● 「手のかかる子・幼稚な子」 指導スキル32

すぐいじける子

　いじける子を形容する言葉としては「イジイジする・グズグズする・ムスッとする・プリプリする」等が挙げられます。拗ねる・捻くれる・へそを曲げる等と表現することもありますが，どちらにせよ行動と感情が裏腹な状態にあることを理解した上で冷静に対応することが大切です。

いじけた場合の行動の特徴

　行動の特徴としては，突然しくしく泣き出す・話しかけても答えない・目を合わせようとしない等が見受けられ，①集団行動から距離を置き，その場から離れようとする。②集団には属して行動するが動きが遅い。わざと遅らせる。の，２つのパターンが考えられます。

傾向と対策

いじけの原因を明らかにする

　どんな問題行動にも，その背景には本人なりの理由や論理があります。当該児童が事の経緯を素直に説明することは稀ですので，直前の行動や友だちとのやりとり等を周囲の子どもたちから丁寧に聞き出します。起きた事実の確認をし，本人の気持ちを受け止めることが指導のスタートです。

第1章 「手のかかる子・幼稚な子」指導スキル32

2 寄り添いながらも，突き放す

　その子自身の思いを受け止め，気持ちを代弁したり関係児童への指導を行ったりすれば，通常は納得するものですが，そこで気持ちを切り替えられず，さらに相手を試そうとする行動をとるのがいじける子の特徴とも言えます。他の子どもと同じような対応をしても，いじけが改善されない場合，その場では一度突き放すことも必要です。何事もなかったかのように振る舞い，良い意味でスルーすることで「いじけても構ってはもらえない」ということを学ばせます。

3 家庭との連携を密にする

　いじけたことでその時間の学習に全く取り組むことができなかった場合，家庭への連絡は必ず行うようにします。教室での行動の事実や指導の経過を，本人のがんばりや長所とセットにしてお伝えします。「家庭では，こうしてください」との依頼ではなく，担任として「今このようにかかわっています」という指導の方針をお伝えすることで，保護者の理解と協力を得られるようにします。

（鹿野　哲子）

第1章●「手のかかる子・幼稚な子」指導スキル32

すぐいじける子

いじける行為の背景には，複雑な家庭環境など様々な要因が渦巻いていることもあります。周りの子どもや教師を困らせるように見えて，本人さえも自身の感情がよく理解できていない場合があることを忘れずに指導にあたります。

いじける行為が意味すること

低学年の場合，その行為の裏には「誰かに優しい言葉をかけてもらいたい」「先生を独り占めしたい」という感情が少なからず存在しています。

①自分のことを理解してくれる人を求めている。
→家庭や学校生活における安心感が欠けている。
②自分に優しく接してくれる人を求めている。
→自分に対する自信や自己肯定感が極端に欠けている。

傾向と対策

1 スペシャルタイムで気持ちを切り替える

授業中は突き放す態度でスルーしたとしても，休み時間や隙間時間には膝の上で絵本を読み聞かせたり手をつないで花壇を見に行ったり等，教師と"特別な時間"を共有することで気持ちが切り替わ

第1章 「手のかかる子・幼稚な子」指導スキル32

るように仕向けます。そのような場面では「なぜいじけてしまったの？」等の質問は控えます。いじけた行為について改めて振り返るよう本人に突き付けたところで，解決や改善には向かいづらいものです。

2 ほめることで，自信をもたせる

些細な理由で，いじける子がいます。挙手しても先生があててくれなかった・勝負ごとに負けた・友だちが声をかけてくれなかった等です。他の子どもたちにとっては何気ない出来事でいじけスイッチが入ってしまうため「そんなことくらいで」という考えがよぎります。しかし，ストレスの感じ方は40人いれば40通りあるわけで，思わず表出される行為の裏側には，自信の欠如と大きな不安感があることを念頭に指導にあたります。自信を育むには『徹底してほめる』ことが有効です。「今日の音読は，声もいいけれど顔の角度がいいなぁ」「先生の目の奥を見て話を聞いている。すばらしい」「昨日より，力がみなぎる字だね。賢さに近づいている」。この先生は見てくれているという安心感が，やる気や逞しさへとつながります。

（鹿野　哲子）

第1章● 「手のかかる子・幼稚な子」 指導スキル32

じっとできない子

　幼稚園・保育園に通っていた頃は，登園からしばらくの間，自由遊びの時間がある場合がほとんどです。小学校に入学した途端に，朝から自分の席に座って過ごす時間が圧倒的に多くなります。それまで気付かれなかった，じっとしたくてもできない子が見つかるときがあります。

周囲を含めて指導をする

　小学校入学まで常に思い通りに動き回れる環境にいた子は，自分が場面に応じてじっとできないということを自覚していない場合があります。本人や周りの人たちに働きかけて指導します。

傾向と対策

1 本人に自覚させる

　不適切な離席が見られた場合は，その子の名前を呼び止めます。「たけしくん，今はお席で計算練習をする時間です」と，今取り組むべき事実を伝えます。

　教室から出ようとしたり，周りの子にちょっかいをかけたりする場合は，「たけしくん，お勉強中に教室から出たら，先生もみんなも心配だよ。安心して勉強できるようにお席にいましょう」と声をかけ，心配していることを伝え

ます。じっとできないことが不適切な状況を生み出していることをその子に教え，自覚を促します。

ただし，体を傷つける危険があると判断した場合は，毅然として注意しなければなりません。

2　じっとできた瞬間を認める

じっとできないことを頭ごなしに叱ってしまうと，その子の自己肯定感を下げてしまいます。

どんなにじっとできなくても，がんばれる瞬間が必ずあります。その瞬間を見取って「あ，今，座ってお話を聞けたね」と声をかけます。居場所にとどまって活動することを価値づけします。保護者にも，連絡帳や面談などの機会を生かしてその子のがんばりを伝えます。居るべき場所で活動できたうれしい瞬間のことを話します。保護者からもその子に，がんばりを認める声かけをしてもらいます。

3　周りの子への指導

じっとできない子の周りにいる子がストレスを感じ，じっとできない子につらく当たってしまう場合があります。

まず，「今，物をいじられて困っているんだね」と周りの子の気持ちに寄り添います。

次に，「物をいじられたら勉強ができなくて困るから，自分の物を使って，と話そうね」と気持ちの伝え方を教えます。また，じっとできない子のがんばりが見られたときは，周りの子にも聞こえるように話して，一緒に「すごいね」と喜びます。

（斎藤　佳太）

第1章● 「手のかかる子・幼稚な子」 指導スキル32

じっとできない子

子どもたち一人一人のもつ特性に起因して，じっとしたくてもできない，困り感をもつ子も学級にほぼ確実に存在します。そのような子が精神的に安定できるような環境を整えることによってフォローします。

じっとできない理由から考える

視覚や聴覚が通常より敏感な子は，教室の中にある情報が過剰に入ってきてしまい，どうすればよいかわからなくなるためにじっとできないことがあります。

傾向と対策

1 居場所を見えるようにする

体育館や音楽室，グラウンドなど，広い場所に行くと自分の居場所がわからなくなるせいでじっとできない子がいます。机と椅子という，わかりやすい目印がないためです。
そのような場所で学習する際には，左図のような紙にラミネートコーティングをかけ，教師が持って行きます。そしてその子の並ぶべき場所に置きます。居場所が見えるよう

第1章 「手のかかる子・幼稚な子」 指導スキル32

になって落ち着きます（下図）。小さなフラフープでも代用できます。

2 過剰と思われる情報をなくす・隠す

じっとできない原因が視覚や聴覚情報の過剰と思われる場合は，教室環境を見直します。教室前面の掲示物は最低限にします。掲示物の色合いはカラフルで華美なものを避け，同じような色に統一して，刺激を少なくします。

教室前面の作り付け棚に物が入っている場合は，テーブルクロスやレースのカーテンなどを使って目隠しします。水槽のポンプの音が低くなるように糸で吊るしたり，タオルを敷いたりします。

座席の位置にも配慮します。座る場所が教室の後ろ側になると，クラスメイトの声や動き，持ち物や廊下の物音などが気になってしまい，落ち着いて学習できないことがあります。教室窓側の前端，教卓の近くなど，授業中に教師から与えられる情報に集中しやすい環境を作ると，困り感に伴う離席や落ち着きのなさが軽減されます。

（斎藤　佳太）

第1章● 「手のかかる子・幼稚な子」 指導スキル32

13 奇声をあげる子

授業中でも休み時間でも，楽しさで興奮してくると，場に合わない大きな声を出してしまう子がいます。その声に驚く子や同調してさらに大きな声を出す子等も現れて，教室全体が落ち着かない雰囲気に包まれてしまいます。

奇声を1つの声として受け止める

奇声と捉えられてしまう声は，その場に適さない大きな声です。そんな声を出さないように注意し合えたり，そんな声も1つの声と受け止めたりできるような学級づくりが必要です。

傾向と対策

1 「適さない声」の体感と「奇声」の変換

声のものさしにあるような声の段階の意味を理解させるために，「適さない声」を体感させます。このとき，大切なことは，「聞き手の気持ちを考える」ことです。まず，教師が小さな声で児童みんなに話しかけます。ほとんどの子が聞こえない声です。そこで，「（小さな声で話をされて）どう思いましたか？」と問います。当然，「困った」等という答えが返ってきます。今度は，隣同士で一方の子が大きな声で話しかけます。体育館の端から端で丁度いい

第1章 「手のかかる子・幼稚な子」 指導スキル32

奇声をあげる子／ハード編

くらいの声です。そこで、「どう思いましたか？」と問います。ここでも、「困った」「いやだ」等という答えが返ってきます。さらに、「変な人に声をかけられたときはどんな声がぴったりか？」と問います。「大きな声」と答えが返ってきます。「適さない声」の代表であるような大きな声にも、適した場があり、その声が自分や友だちを守ってくれるということを確認します。大きな声がダメな声なのではなく、適した声が大切であること、適さない声が周りを困らせることをきちんと捉えさせることがポイントです。

2 奇声があがっても動じない態度

奇声があがった時、それに驚いたり、または同調したりしてさらに声があがると、教室の雰囲気は一変してしまいます。そうならないために、奇声があがったら「大丈夫、大丈夫」と教師自らが諭すように言い始めます。一緒に言える子は、どんどん一緒に言ってもらい、少しずつ広めていきます。受け止める雰囲気づくりです。広がるたびに、「大きな声が出ても、それを受け入れられるようになって、すばらしいね」と価値づけます。学級のあたたかな雰囲気は、とても大切な要素です。

（太田　充紀）

第1章● 「手のかかる子・幼稚な子」 指導スキル32

奇声をあげる子

場に適した声を理解しても，様々な刺激に対して敏感に反応してしまう子もいます。その子本人の特徴を見取り，分析と対策を工夫することによって，その子が安心して過ごせるようにしていくことが必要です。

きっかけの分析と対策

奇声をあげる子は，その原因となる音や言葉，状況が現れるとそれにパニックを起こして，奇声という反応を起こしてしまいます。ここでは，原因となる要素をできるだけ回避できるようにすると共に，奇声をあげる以外の反応に切り替えることを目指します。

傾向と対策

1 原因となる要素の分析と回避の工夫

パニックにつながる要素は，子どもによって様々です。ですから，まず，その原因となる要素についての記録を累積します。「周りの状況」と「その子の様子・心境」について，特に記録します。そこから，物が原因と考えられれば，その子から遠ざけたり除去したりします。その時の活動が難しかったことが原因と考えられれば，簡単な対策を施したり，活動時に少しフォローの声かけをしたりします。

すべてに対応することは難しいですが，周囲の友だちにもできる範囲での協力をお願いするとより効果的です。

2 代替方法の模索と定着

奇声は，困った状況にあることを周囲に知らせるヘルプサインであるとも言えます。そのサインを，周囲にも受け取りやすい方法に切り替えることが望ましいです。

奇声をあげる行動があった後，落ち着いてから，「困ったことがあったけど，がんばってやり遂げたね」といった言葉かけで，困った状況をきちんと把握していることを伝えます。その上で，「困ったときに出す『助けてサイン』は，どういうのが一番いいかな？」とより良い方法について相談します。手を挙げることや立ち上がること等が，その子が取り組みやすく周囲もサインを受け取りやすい手段の例です。その合図を受けて，先生のところに連れていくように約束を決めておけば，周囲への影響を小さくすることができます。

3 保護者との連携

上記の対策は，家庭との連携がとても大切です。原因となる要素の分析や代替方法の模索については，情報の共有が不可欠です。家庭訪問での情報収集から始まり，電話連絡や連絡帳を通じて，学校での様子を知らせると共に，家庭での状況も知らせてもらいます。学校と家庭が一緒に取り組んでいくことで，効果も高まります。

（太田　充紀）

第1章●「手のかかる子・幼稚な子」 指導スキル32

15 後片付けができない子

ハード編

　机の中に物があふれている子やロッカーの物が乱雑に入っている子。後片付けできない子は「面倒くさがり屋だ」「だらしがない」と見られることがあります。しかし児童の性格に原因を見出せば，解決の糸口は狭くなってしまいます。

後片付けとは何か教える

　就学すると自分の持ち物が増え，管理することになります。「きちんと片付けなさい」という言葉だけでは，何をどう片付ければよいかわかりません。後片付けをする意味とその手順を指導し，定着を目指します。低学年のうちに後片付けの習慣を身につけておくことが大切です。

傾向と対策

1 何のために後片付けをするのか

　「片付いていなくても自分は平気」「自分の持ち物だからどこに何があるかわかっている」など，児童が後片付けの意味を理解していない場合があります。学活や道徳などの時間で，後片付けの意味を考えます。

> 　右の写真を提示する。正しく片付けられているのは，

第1章 「手のかかる子・幼稚な子」 指導スキル32

①  ②

どちらでしょう。①を選ぶ児童が多い。次に②の状態を見て感じることや起こりうることを考える。「落ち着かない」「教室が汚れて見える」「道具にぶつかって誰かが怪我をするかもしれない」など，みんなで使う場所を気持ち良く使うためには，個人の持ち物をきちんと片付ける必要があることを確認する。

2 後片付けの手順を教える

「いつ」「どこに」「何を」片付けるか指導します。後片付けは，授業後に行います。片付ける場所は元あった場所です。片付ける物の順番を決めて，1つずつ片付けるように指示を出します。

教科書・クレヨン・筆記用具・紙ごみが机の上にあるとします。「片付ける場所が近い順番に並べてみましょう」と声かけします。「教科書→筆記用具→クレヨン→紙ごみ」の順番にします。その後「教科書をしまいます（確認）」「筆記用具をしまいます（確認）」「クレヨンはお道具箱がお部屋でしたね。しまいます」「ごみは…ごみ箱へ」というように，1つずつ指示を出します。すべて片付けたら「後片付けばっちり」と言ってできたことを褒めます。年度当初1週間を目途にして，指導します。　　（辻村　佳子）

第1章●「手のかかる子・幼稚な子」指導スキル32

16 後片付けができない子

ソフト編

　後片付けを行う意義や手順がわかっていても，できない子はいます。できない背景を探りながら個別指導をします。

後片付けしやすくなる工夫

　後片付けができない背景には，家庭環境が影響している場合もあります。保護者の協力を得ながら，児童の様子を把握して指導に役立てます。また，教師からの声かけや友だちからのサポートで「後片付けしよう」「後片付けしやすい」と思える工夫をします。

傾向と対策

1 家庭と連携する

　家庭訪問時に身の回りの整理整頓ができているか，後片付けをしているかなど聞きます。児童のしつけに関わる内容なので，否定的に聞くことなく，傾聴します。その上で学校での後片付けの様子を伝えます。保護者と相談し，できるようになってほしい片付け（学校に関わること）を1つ決めます。例えば「次の日の学校の準備」だとします。保護者に協力をお願いすることは次の3点です。

①前日に一緒に時間割の準備をする。

②教科書・ノート・筆記用具など，必要な道具が入ってい

第1章 「手のかかる子・幼稚な子」指導スキル32

るかを確認する。
③画用紙に「よくできました」の証としてシールを貼り，クリアファイルに入れる。

　翌日登校したら，担任がシールをチェックして「学校の準備をしてきたのだね」と価値づけします。保護者に点検してもらうことで，不必要な物を学校に持ち込ませず，いつも整理されたかばんで登校することができます。

2　できていることとできたことを褒める

　後片付けをする場面は，登校後の靴の片付けや給食後の食器の片付けなど多岐にわたります。その中で児童をよく観察していれば，自分で片付けをしている場面が必ずあります。そこを見逃さず価値づけをします。「～さん，靴を丁寧に揃えていましたね」と声かけをします。さらに「机はどう？」と聞きながら，確かめたり一緒に片付けたりします。整頓されていたり，片付けることができたりしたら「先生も気持ちが良くなった」と褒めます。繰り返し褒めることで，行動を強化します。

3　友だちからのサポートを受ける

　片付ける物が多い時や時間差で後片付けが始まる時，「後片付けができない子」は，片付けるまでに時間がかかります。隣の席の児童に「～さんの片付け手伝ってほしいな」「自分の片付けが終わったら助けてあげてね」と伝えておきます。席の配置を，面倒見の良い子や後片付けが得意な子の隣にしておく工夫もできるでしょう。

（辻村　佳子）

第1章● 「手のかかる子・幼稚な子」 指導スキル32

行動が遅い子

　行動が遅いと，遅い子への周囲の子どもからの風当たりが強くなりがちです。もちろん，そうならないような学級風土の醸成が大切なのですが，段階的に「その子自身の課題」を解決できるように指導することが必要です。

なぜ行動が遅いのか

　遅い子の「行動」までのプロセスを，「指示を聞く」「判断する」「行動する」という3段階に分けて考えます。「行動の遅さ」にはそれぞれの原因があることがわかります。
・「指示が聞けない」…意識を向けて聞けていない
・「判断に誤りがある」…段取りが悪い
・「運動に困難さがある」…手先が不器用
　その子の行動の遅さが，何に起因するものなのかを見取り，場合ごとに必要な指導をします。

傾向と対策

予告し，注意を向けさせる

　そろそろ算数の授業が終わります。授業の終わりの挨拶をします。
　教師「日直さん，終わります（挨拶をお願いします）」
　教師「日直さんが号令しますよ」（全員に向けて）

日直「気をつけ」

 ほんの小さなことですが，遅れがちな子は，「意識の切り替え」が苦手です。その場合には，それまでの行動を中断して全体の動きに意識を向けさせることで，遅れずに済みます。

2 「一時一事」を徹底させる

 算数の授業が終わりました。机の上にはコンパス・三角定規・教科書・ノート・下敷き・筆記用具・宿題のプリント・プリントのファイルが散乱しています。行動の遅い子の中には，両手いっぱいに道具を持ったまま目を白黒させている子がいます。「筆記用具を筆箱の中に入れなさい」「筆箱を机の中に入れなさい」「教科書を閉じなさい」「教科書を机の中に入れなさい」…と，一つが終わってから次のことに取り組むように指導します。

3 素早くできるように練習する

 手先が不器用な子の場合，机やロッカーの中に，まっすぐにものを置けないことがあります。「一時一事」で片付ける方法を指導したら，その順番は変えません。「小さなものから片付ける」「いつも使うものから片付ける」など，様々な方法が考えられますが，手順を統一して自動化できるようにします。このとき，手順と共に「角は揃える」「教科書の上辺は机の奥にあたるように入れる」という原則も指導し，練習します。すぐにはできるようになりませんが，根気よく指導します。

（藤原　友和）

第1章●「手のかかる子・幼稚な子」指導スキル32

行動が遅い子

「行動が遅い」という現象の裏には，その子の困り感があります。努力で克服できる場合もあれば，ある程度の成長を待つ必要があったり，本人の努力ではどうしようもない場合さえあったりします。特別なサポートが必要な子も学級には存在します。

どのようなサポートがあり得るか

素早く行動するためには，その子の「動線を整え，効率的に動くことができる」ようにすること，「次に何をしたらいいのか予め見通しをもたせる」こと，友だちの「サポートを受ける」ことが考えられます。どのような方法をとるにせよ，その子の困り感に寄り添い，「つまずきの部分への支援」を心がけます。

傾向と対策

1 動線を整える

帰りの会が始まるまでの間に学習用具をロッカーから取ってきて，コート・ジャンパー類を着用し，自分の席に着くという約束になっているとします。その子の座席と，ロッカー位置，コート掛けの位置はどのようになっているでしょうか。座席は窓側の一番前，ロッカーは教室後方にあ

り，さらに廊下側，コート掛けは廊下側の壁の前方にあるとしたら，「行動が遅い」その子は，教室内を大きく一周しなければなりません。中には，人混みに入るのが苦手で，全員が着席するのを待ってから動き出す子もいます。座席・ロッカー・コート掛けの位置に配慮して，少ない移動距離で済むようにするのも一つの方法です。

2 見通しをもたせる

　授業の冒頭で，その時間の学習活動を予告します。「今日の算数では，二等辺三角形の描き方を学習します」「使う道具は鉛筆・三角定規・コンパスです」「先生が黒板でやり方を見せます」「その次に自分で描いてみます」「最後に練習問題をします」と端的に伝え，黒板の端に書いておきます。一つ終わるごとに消していきます。一項目ごとに「次は○○です。道具は△△です」と切り替えができるように取り組む内容を宣言します。見通しがあると，スムーズに行動できるようになります。

3 友だちのサポートを受ける

　最終的には自分一人で自分の学習作業が「みんなと同じペースで」できるようにしたいものです。しかし，個人差はあります。隣の席や同じ班の子に，「A君は，ノートを書き始めるのが遅くなってしまうから，"今，これを書くんだよ"と教えてあげてね」などと，苦手な部分を焦点化してサポートするようにお願いします。自分でできるようになるまでの限定的なサポートです。

（藤原　友和）

第1章●「手のかかる子・幼稚な子」指導スキル32

19 何でも許可を求める子

「○○を持ってきていいですか？」「○○に行っていいですか？」自分で判断できそうなことまで逐一相手に許可を要求していると，自己判断の力が弱ってしまいます。学校生活には様々な場面があるからこそ，時と場合によって適切な行動がとれるよう判断する力を磨くことができます。

判断するのは児童自身

何でも許可を求める子が言う「○○していいか？」という言葉の中には「○○したい」という本人の望む行動が見えています。その最終決定を教師に委ねたがっているのです。ですから，教師が判断しないような適切な伝え方を教えていきます。

傾向と対策

1 理由＋○○させてください

「○○してもいいですか？」という言葉は，最初から相手に判断を委ねています。何でも許可を求める子の心の中では「寒いから上着を着たい」「我慢の限界…トイレに行きたい」と行動が決まっているので，以下のような指導をします。

第1章 「手のかかる子・幼稚な子」 指導スキル32

> 子ども：「先生，トイレに行ってもいいですか？」
> 教　師：「先生が『行ったらダメ』って決めてもいいのですか？」
> 子ども：「……行きたいです」
> 教　師：「そういう時は『我慢できないので（理由）トイレに行かせてください（要望）』と伝えます」

道具の不備であれば，「用意し忘れたので（理由）ハサミを貸してください（要望）」と伝えます。このようにして自分が何を求めているのかをはっきりさせて伝えると，判断基準が教師ではなく自分になります。許可を求めるのではなく「理由＋要望」で言い換えるよう指導していきます。

2 教師の「切り返しワード」を準備

何でも許可するのではなく，教師の切り返しに一工夫し，自己判断に自信がもてるようサポートしていきます。
〈例〉子ども：「先生，上着脱いでいいですか？」

考える時間を与え観察したいとき

教　師：「……（笑顔で見つめる）」

ユーモアで包み込みたいとき

教　師：「暑いならもう1枚脱いでもいいのよ」

自信をもたせたいとき

教　師：「さっきB君も脱いでいたなぁ…」

目の前の児童とのこれまでのやりとりをヒントに考え続け，その子にぴったりの切り返しを見つけます。

（中原　茜）

第1章● 「手のかかる子・幼稚な子」 指導スキル32

20 何でも許可を求める子

ソフト編

「○○を持ってきていいですか？」「○○に行っていいですか？」時と場合をわきまえず，何でもすぐに許可を求められることが頻繁になると，授業が中断することも多くなります。自己都合で授業を止めることは，相手の大事な時間を奪うことにつながります。

時間認識・相手意識を高める

授業中，平気な顔で「先生，○○していいですか？」と何でも聞いてくる子は「今，誰のための何の時間なのか」という認識が弱いです。他人の大事な時間を止めないよう，準備を万全に行っておく環境づくりをします。

傾向と対策

1 勉強時間と休み時間の区別

勉強時間は勉強，休み時間は「学習用具の準備やトイレ・水飲みを済ます」という時間の使い方の切り替えをつけるため，以下のような指導をします。

「皆さん，大好きなアニメ番組を見ている途中にトイレへ行きますか？」
（①行かない　②行く）

「行くという人はいつ行くのですか？」

(① CM の時　②アニメの途中)

「できればアニメの途中ではなく，休憩時間（CM）の時に行きたいね。学校も1～5時間目まで休憩なしで勉強しません。心と体の準備をするために休み時間があります。休み時間にきちんとトイレに行っておきましょう」

　トイレの他，「水を飲む」「道具の準備をしておく」も同様です。休み時間のうちに済ますという習慣をつけます。

2　準備不足をなくす

　算数授業，折り紙を切って図形を作ります。すると「先生，ハサミを取ってきていいですか？」と聞いてきました。

　「ハサミ・のり・色鉛筆」など使用頻度の高いものの場所は座席付近にしまっておきます。また「次の算数ではハサミを使いますよ」と予告し，学習用具と共に事前準備させることもできます。授業の準備は授業前に行い，不備不足を減らすことで，「○○取ってきていいですか？」という許可要求を減らします。

3　活動の見通しをもたせる

　Aちゃんは誰よりも早く作業が終わりました。すると「先生，組み立てていいですか？」と聞いてきました。

　作業の順番や目安時間を板書します。また，作業が人より早く終わったら，「教科書の続きを読む」「ミニ先生になる」など早く終わった場合の行動を学級のルールとして定着させます。

（中原　　茜）

第1章● 「手のかかる子・幼稚な子」 指導スキル32

すぐに保健室に行きたがる子

怪我や病気の他，勉強がつまらない・嫌だ・飽きたなどの学力的要因や，じっとしていられない，精神的に不安定などの発達的・心理的要因など，子どもが保健室に行きたがる理由は様々です。

経験不足による自己判断の難しさ

保健室は救急処置を行ったり，心身の相談をしたりする場所です。低学年では，経験の不足から，保健室に行くべきか否かを自己判断できていないことが多くあります。

傾向と対策

1 保健室の役割と使い方を教える

怪我や体調不良の子どものイラストを準備します。①行く，②様子を見る，③行かないの3つに分類し，保健室に行く程度を示します。出血を伴う怪我や，我慢できないほどの腹痛・頭痛・吐き気は①，勉強が嫌だ，つまらないなどは③です。軽度の腹痛・頭痛，倦怠感，打撲など表面化しない症状は②ですが，慎重に扱います。症状が変わらない，悪化してきたなどの場合は，すぐ保健室に行くよう指導します。いずれの場合も自己判断に任せるのではなく，必ず担任に事前報告・相談することを約束にします。

第1章 「手のかかる子・幼稚な子」 指導スキル32

このとき，入室の仕方も併せて教えておくと良いでしょう。あいさつ，学年・氏名，どんな症状でどうしてほしいのかを自分で伝えられるように指導し，練習させます。

2 原因をリストアップする

チェックシートを用い，家庭での様子や，朝の体調について確認します。チェックシートは保健室にあるものを数枚頂くか，なければ自作します。①食事内容（前夜・朝），②食欲，③睡眠時間（就寝時刻・起床時刻），④排便の有無などの項目は必須です。低学年では，空腹の状態がわからず「お腹が痛い」と言ったり，勉強で考えすぎたことで「頭が痛い」と訴えたりすることがあります。これらをチェックする項目を設けることも一考です。こうして原因を予想し，まずは自分でできることをやってみるよう指導します。朝の排便がなかった場合であれば，「お腹が痛いのはうんちが外に出たがっているからかも」→「お腹に『の』の字を書くとうんちが動きやすくなるよ」といった具合です。

3 程度を数値化する

体調不良の程度を5段階に数値化し，自己判断させます。数値化の際は，その子が学校で楽しみにしていることをもとにすると良いでしょう。例えば，「休み時間遊べる度」「給食たべられる度」「図工で作品つくれる度」などが考えられます。1～2と度数が低い場合は保健室へ行くよう促し，3～5と半分より上の場合は「少し様子を見てみよう」と声をかけます。

（中島　愛）

すぐに保健室に行きたがる子／ハード編

第1章●「手のかかる子・幼稚な子」指導スキル32

すぐに保健室に行きたがる子

自分の症状は保健室に行くほどではないと理解できていても、行きたがる場合があります。

保健室に行きたがる理由

気にしすぎてしまったり、発達的要因、心理的要因を抱えていたりする子は、自分で気持ちの切り替えをすることが難しいです。養護教諭と連携しながら、子どもが前向きになれるような手立てを講じます。

傾向と対策

1 架空のアイテムを用いる

①**ひみつのお守り**

絆創膏や付箋に「だいじょうぶ☆」「元気になあれ！」といったメッセージや、にこちゃんマークなどのイラストをかき、「お守り」にします。付箋は机上やノートなどのすぐ目につく場所に貼ったり、お腹が痛い場合はお腹に貼ったりすることができるので便利です。

②**特別券**

楽しみが控えていると、がんばれる場合があります。そうした子には、「休み時間にドッジボールができる券」「帰りに先生におんぶしてもらえる券」などの特別券を発行し

ます。画用紙で作成しても良いですが，教師と子どもの手を重ね合わせ，「特別券，あーげた！」とするだけでも有効です。

③元気が出るふりかけ（元実践・仮説実践授業）

百円ショップなどで塩，コショウを入れるための空き容器を購入します。その中にビーズを入れ，「元気が出るふりかけ」とラベリングを施します。「元気になあれ」と願いを込めて，元気のない子どもの頭にふりかけるふりをします。

2 授業内容を工夫する

勉強が苦手な子や，じっとしていられない子にとって，長時間にわたる授業は苦痛です。問題数を減らす，学習のゴールを示す，簡単な問題から取り組ませ意欲を上げる，お手伝い係に任命して立ち歩いても良い時間を設定する，などの工夫をします。

3 行っても良い時間帯を決める

精神的に不安定な子は，家庭環境が不和である，学級内に不安要素がある，などの問題を抱えています。そうした子にとって，保健室は安全が保障される貴重な場所です。子どもと養護教諭，双方と相談し，保健室に行っても良い時間帯を決めます。登校後始業までの間，休み時間，問題を○個解き終わったら，放課後の数分，などが考えられます。子どもが来室した場合はその都度養護教諭から教えてもらうようにし，情報を共有します。

（中島　愛）

第1章● 「手のかかる子・幼稚な子」 指導スキル32

鼻くそをほじる子

鼻をほじるという行為は，衛生的に良くないばかりか，見ている側にとっても気持ち良いものではありません。癖になる前に「しない」ことを定着させたいものです。

きちんと説明する

ダメというからには必ずそれなりの理由があるはずです。頭ごなしに厳しく禁止するのではなく，なぜダメなのかを論理的に説明し理解させることで，鼻ほじりはダメなこと，という認識をもたせることが大切です。

傾向と対策

1 鼻くそは，ばい菌の塊であることを伝える

鼻をほじるという行動と，鼻くそを食べるという行動は対になっていることが多いものです。

鼻くそが，空気の中のホコリと鼻水でできたものであること，大気中のホコリの中には，ダニやふけ，カビ，ウイルスなど人間の体の中に直接入ってはいけないものがたくさん混ざっていることを話します。理解を深めるためにもダニやカビ，ウイルスなどの写真やイラストなど，視覚的な資料を用いることは効果的です。

第1章 「手のかかる子・幼稚な子」 指導スキル32

2 危険を伝える

鼻くそほじりの危険は次のようなことが考えられます。
①鼻血の原因になる。
②炎症やインフルエンザなどの感染症の原因になる。
③慢性鼻炎の原因となる。

これらの危険性をわかりやすく伝えることで，鼻をほじることが危険であることをしっかりと認識させる必要があります。

自分の健康を守るという観点からも，鼻くそほじりはしない方がいいということを理解させます。

3 周りからの見え方を伝える

鼻をほじっている人が，客観的にどのように見えるのかということを知ることで，恥ずかしいことという認識をもたせます。鼻をほじっている人やゴリラの写真を見せながら，どんな気持ちになるか語らせます。そして，これは他人がやっているからそう感じるのであって，自分がやっている時は，意外に気にしていないものであることを伝えます。鼻をほじることは恥ずかしいことである上に，人に嫌な思いをさせないためにも，「してはいけない」ものだということを強く印象づけます。ただし，このような認識をもつことが，鼻ほじりをしている子への排除につながらないよう十分に配慮する必要があります。　　　　（新川　宏子）

【参考文献】
・石井正則『鼻の病気はこれで治せる』二見書房，2004

第1章●「手のかかる子・幼稚な子」 指導スキル32

鼻くそをほじる子

頭では悪いことだとわかっていても,鼻くそほじりをやめられない子がいます。なぜやめられないのか原因を考え,適切に対処することが必要です。

原因を考える

頭ではわかっているのにやめられない場合,次のような原因が考えられます。
①大人の気を引きたい
②無意識にしている
③チック症状の一つで刺激を求めている

それぞれ対応策が異なるので,しっかりと原因を分析することが大切です。

傾向と対策

1 無視する

鼻ほじりをして注意されることが,大人に関わってもらっていると誤学習している場合があります。その場合,敏感に反応することは逆効果です。見て見ぬふりをして,様子を見ます。大人と関わりをもちたいという意図で鼻ほじりをしている場合は,関わってもらえないとわかるとその行為は次第になくなります。

第1章 「手のかかる子・幼稚な子」 指導スキル32

2 他の人に見えていることを伝える

　無意識のうちに鼻に手が行っている場合は，近寄ってそっとティッシュを渡し，手を拭くように言います。また，その子にそっと近寄り，「こんなふうに見えているよ」と鼻をほじっている子どものイラストを見せます（男子女子両方のイラストを準備しておき，その子の性別に合わせて見せます）。「どう？」と優しく尋ね，「こんなふうに見えているのは嫌だよね」「やめた方が良いよね」と穏やかに諭します。

3 代わりの刺激を与える

　鼻をほじるのはチック症状の一つと言われています。指先の刺激を求めて繰り返すものであるならば，人が見ても不快にならない別の刺激を与えることも有効です。例えば机の裏側に人工芝を貼るとか，手触りの良い布を貼るなどし，鼻をほじりたくなったらそれを触るように教えます。何か別のものを触らせるという刺激を与えることにより，顔の周りに手を持っていくことから意識を遠ざけることで鼻ほじりをするのを防ぐのです。

（新川　宏子）

第1章●「手のかかる子・幼稚な子」指導スキル32

性器いじりする子

小さな子が自分の性器に興味をもつことは自然なことです。良くないこととして注意するのではなく，衛生面や対人関係に配慮した指導を行います。

否定をせずに対処する

幼児期によく見られる性器をいじる行動は，成長と共に減っていきます。しかし，小学校低学年でもなかなかやめられない子もいます。注意が続くと劣等感を抱いてしまうこともありますから，体に対する興味と受け止め，否定してしまわないことが大切です。

傾向と対策

1 衛生面の配慮をする

性器は人にとって大切な器官ですから，汚れた手で触らないよう指導します。

手には，汗や外遊びの際に触った砂や土などの様々な汚れがついています。汚れた手で性器を触ることは衛生的ではありません。

性器いじりに限らず，手洗いをして，手を清潔に保つよう日頃から指導します。

また，長く伸びた爪も，汚れがたまりやすいところです

から短く切りそろえておくよう合わせて指導します。

性器いじり対策というよりは，自身の体の清潔を保つという観点での指導が基本になります。

用便の後の始末の仕方や，下着や衣服の清潔，体の洗い方など，保健指導と合わせて伝えるようにします。

2 プライベートゾーンを教える

水着で隠された場所をプライベートゾーンといい，人に見せてはいけないということを教えます。また，人前で触ったり，自分以外の人の性器にも触れたりしないということも伝えます。

とても大切な場所なので，触っていいのは自分やお父さん・お母さん，それにお医者さんだけだということを教えます。

3 マイナスな評価をしない

性器いじりをマイナスと捉え，やめさせようと注意を与えると，注意を受けたということから劣等感につながっていくことが考えられます。繰り返し注意をされることで，「良くないことをしている」という思いを強くもつようになるのです。

自分の体への興味のあらわれと受け止め，プラスに見てあげることが大切です。不思議だという思いからいじっていることもあるので，年齢に応じて仕組みや役割などを話してあげましょう。

（高橋　正一）

第1章●「手のかかる子・幼稚な子」 指導スキル32

性器いじりする子

　性器に触れることによって，安心感を得ているという場合があります。見方を変えると，不安な場面で安心感を得るために性器いじりをしているとも言えます。子どもの不安な気持ちを受け止めてあげましょう。

安心感を与える

　自立を促される場面や初めてのことを体験するときは，低学年の児童にとって不安を感じやすいものです。特に1年生の場合，学校生活に慣れるまでの間は新しいこととの出会いの連続です。一人でやることを求められたり，初めてのことにどう対処していいか戸惑ったりするときに，性器いじりがよく起こります。

傾向と対策

1 観察する

　どんな時に性器をいじっているかを観察します。
　1年生の場合，入学してしばらくは幼稚園や保育所との違いに戸惑うことが多くあります。じっと座って先生の話を聞いたり，時間やチャイムに合わせて行動したりすることが求められるようになります。
　そうした場面で，うまく対処できずに戸惑いや不安を感

じると，性器いじりが始まることがあります。性器いじりを子どもの不安のあらわれと捉え，どんな時に，何を不安に思うのかをつかみます。

その上で，長く座って話を聞くような場面を避けたり，チャイムがなったらどうするのかをあらかじめ伝えておくなど，不安な気持ちを減らしてあげると，次第に性器いじりはおさまっていきます。

2 手の置き場所を決める

椅子に座っているときや整列しているときに，性器をいじる子もいます。自然と手の位置が性器に近くなるからだと言われています。無意識のうちに性器いじりが始まっているのです。

座って話を聞くときは手を膝の上に置く，並ぶときには手は体の横というように，手をどこに置いたらいいのかを指導します。

3 そっと知らせる

みんなの前で注意を与えると，周りの子もそれに習って注意しようという子が出てきます。

気づいたときには，そっとそばに行ったり，軽く肩に触れたりするなどして，さりげなく本人に気づかせます。

不安な気持ちから，性器に触れることで心地よさを感じている場合もあります。ぎゅっとハグして心地よさを与えることも効果があります。

（高橋　正一）

第1章● 「手のかかる子・幼稚な子」 指導スキル32

不衛生な子

　不衛生さは，髪の毛や服などの汚れといった表面的に見えるものと，爪を噛む，手を洗わないといった身体的行為によるものがあります。本人が平気でも，周りの子どもたちが気になったり，嫌悪感を抱いたりすることがあります。

　不衛生さが表れていることで，仲間外れやいじめへと発展していくケースもあります。低学年のうちにできるだけ改善を図っておきたいところです。

改善のための習慣づくり

　周りの子たちが，不衛生さに対して気にならない程度に，学校生活で不衛生さが出ないような指導・支援をする必要があります。また，家庭生活での習慣が起因していることも多く見られます。家庭との連携も必要です。

傾向と対策

1 朝チェック

　朝登校してきたら，さりげなくチェックします。服装の乱れを直したり，髪型が著しく乱れている場合は，束ねたりします。

　手や顔の汚れなどがある場合は，洗ってから席に着くようにさりげなく指示します。

保護者の理解が得られる範囲で,消臭スプレーを使ったり,爪を噛んだりなめたりしている子に防止するクリームを塗ったりします。その場合は,別室で行います。担任が対応できないこともあるので,養護教諭や他の先生と連携しておくことも考えておきます。

2 家庭との連携

①伝え方への配慮

保護者に伝える場合は,伝え方にかなり配慮が必要です。保護者との関係が悪くなる可能性もあるからです。

まずは,その子の良さやがんばりをしっかりと伝えるなど,プラスの面を共有し合います。保護者が子どもに対して悩みを抱えていることも考えられます。十分に受け止めつつ信頼関係を築きます。

その上で,より良い学校生活を過ごし,人間関係を築くために,清潔でいることが必要であることを伝えます。そして,少しの配慮で改善できそうなことから協力してもらうようにします。

②家庭環境の状況が深刻な場合

不衛生になる要因が保護者の児童虐待(ネグレクトなど)によるものである場合もあります。そのように,家庭環境の状況が深刻な場合は,管理職に相談した上で,ケース会議を開きます。十分に協議した上で,必要に応じて児童相談所や民生委員と連携を図るといった措置をとります。

(齋藤　知尋)

28 不衛生な子

ソフト編

不衛生にしている子自身が自分をどう思っているのかを知って，その上で支援していくことが必要です。また，クラスの子どもたちは不衛生な子のことをどう思っているのかを捉え，マイナス面に目を向けさせないような指導や支援が必要です。

明るく温かく，包み込むような雰囲気づくりと支援をしていきたいものです。

環境への支援

周りの環境への働きかけを行っておきます。不衛生な部分に固執したり，反応したりしないようにしていくことが必要です。同時に不衛生な子の内面のケアもしていきます。

傾向と対策

1 その子の良さが認められる場面を意図的に設定

不衛生な子の良さが認められる場面を意図的に設定します。例えば，その子の得意なことを見出したり，活躍の場面を作ったりします。

良い面が認められることで，不衛生さがあってもクラスの中で居場所を確保し，存在感を出すことができます。

2 周りの子たちへの指導支援

①差別的な言動を許さない

相手の人権を傷つけるような差別的な発言は絶対に許さないことを年度当初から宣言しておきます。もしも，不衛生な部分について，相手を傷つけるような発言をした時や意図的に避けるような行動が出た際は，即座に厳しく指導します。

②周りの子たちの感情を受け止める

生理的に無理だという子もいます。どうしても嫌だと思ってしまう子の気持ちを理解しつつ，クラスをより良くするためにはどういう言動が望ましいかを考えさせます。

相手が傷つかない程度の距離の取り方のアドバイスをしたりもします。

3 心の内面を捉え，サポートする

不衛生な子自身が，どう思っているのかを捉え，サポートします。

日記でつながる，放課後に時間をとって話すなど，その子と日常的につながっておき，その子が安心して自分の思いを担任に伝えられるようにします。

そのつながりを大事にしながら，不衛生な部分に対し，本人が理解し，少しずつ自分でも改善をしていこうとする意識を高めていきます。また，周りの子たちがどう思うかについても考えさせるようにします。

(齋藤　知尋)

第1章● 「手のかかる子・幼稚な子」 指導スキル32

おもらしをしたとき

「おもらし」と聞いて連想するのは何ですか？多くの方はおしっこをもらすことを連想したのではないでしょうか。「おもらし」には「大」も「小」もあります。どちらの場合も，事前指導をすることで，その大半を防ぐことができるのです。

おもらしの原因

「おもらし」のほとんどは「間に合わなかった」ことによる突発的なものと言えるでしょう。どうすればおもらしを防ぐことができるのか，もらしてしまったときどう行動すれば良いのかを事前に教えることが大切です。

傾向と対策

1 おもらしを防ぐために

①したいと思わなくても行く

やることに追われ，自分の尿意や便意に気づかない子もいます。登校後は特に，トイレに行くタイミングを逃しがちです。そこで，時間を指定します。「家を出る前」と「学校に着いてから」は，必ずトイレに行くよう呼びかけます。また，遊びに夢中になると忘れてしまうことがあるので，休み時間ごとに声かけをします。トイレに行くこと

のできる時間がわかるように,日課表に「トイレタイム」を加えた「トイレの時間割」を掲示して可視化するのもおすすめです。

②したいと思ったらすぐに言う

したいと思ったときはすでにギリギリということもあります。「したいと思ったら,どんなときでもすぐに言う」ことを約束します。「授業中でも,先生がお話ししているときでも,すぐに教える」ことを約束します。

2 おもらしをしてしまったときのために

①もらしてしまったらすぐに知らせる

「困ったときは先生に相談する」のと同じで,「もらしたときは先生を呼ぶ」ことを指導します。さらに,「その場を動かずに呼ぶ」ことも付け加えます。処理のしやすさもありますが,何より,多くの子の目に触れさせないためです。

②もらした友だちに気づいたらそっと知らせる

もらした友だちに気づいたとき,低学年であれば騒いでしまうのは仕方ないことです。でも,友だちの気持ちを考えさせる指導は必要です。その上で次のことを約束します。

・もらした場所には集まらない・近づかない。

・「臭い・汚い」という言葉を口にしない。

・後になって,からかったり悪口を言ったりしない。

汚物の処理に抵抗感のある先生もいるかもしれません。でも,子どもたちは見ています。先生自身がその子の気持ちを考え対応することを大切にしましょう。　(福川　洋枝)

第1章●「手のかかる子・幼稚な子」 指導スキル32

おもらしをしたとき

「おもらし」は子どもにとって大きな"失敗"と言えるでしょう。周りの反応によっては、それを気にすることで排泄の頻度が増したり、登校しぶりにつながったりしてしまうことも考えられます。

おもらしを失敗にしない

おもらしは誰にでもあることです。小さい頃はみんなもしていたのです。そのことを本人も学級のみんなも理解し、馬鹿にしたり仲間外れにしたりすることのないようにしていかなくてはなりません。

傾向と対策

1 もらしたときのために

もらしてしまったときすぐに処理できるよう、「おもらし処理セット」を常備します。本人の"失敗"感と恥ずかしさを少しでも軽減することが目的です。「おもらし処理セット」の中身と使い方は次の通りです。

・新聞紙
・吸水シート(ペット用シーツ)、ティッシュ
・雑巾(使った後捨てられる古布など)

- ビニール手袋（使い捨て）
- 中の見えないポリ袋
- 消毒液（または水に溶いて使う粉状のもの）

①発見したらすぐに新聞紙で覆う。
②もらした児童に対応する。
③学級の児童に指示を出し，児童を保健室へ連れて行く。
④手袋をはめ，吸水シートやティッシュで排泄物を処理する。
⑤消毒する（古布で汚れたところを消毒する）。
⑥ポリ袋に入れ袋の口を閉じる。

2 その子に合ったサポートをするために

おもらしを繰り返してしまうことは，本人にとってもつらいことです。原因を探りながらその子の気持ちに寄り添ったサポートを心がけましょう。

①学校のトイレに一人で行けない

「トイレの外で」「廊下で」など，距離を相談しながら付き添います。

②トイレ環境に慣れないとき

トイレ内を明るくしたり壁に飾り付けをしたりして，不安を和らげるようにします。

③排泄の有無が確認できないとき

不安があると出ないこともあります。「トイレカード」を作り，排泄できたらシールを貼るなど，楽しくトイレトレーニングを進めるのも一つの手です。　　　　（福川　洋枝）

第1章●「手のかかる子・幼稚な子」 指導スキル32

嘔吐・鼻血が出たとき

低学年では，子どもが嘔吐したり鼻血を出したりすることがよくあります。食べ過ぎや鼻の中を傷つけたという場合がほとんどですが，病気や怪我が原因の場合もあるので注意が必要です。

全員への素早く適切な対応

病気や怪我による嘔吐・鼻血の場合，命の危険性や周囲への二次感染の可能性があります。したがって，嘔吐・鼻血を出した子への応急処置と周りの子どもたちの安全確保の両方を素早く適切に行うことが大切です。

傾向と対策

1 嘔吐への対処

子どもが嘔吐したときは，ウイルスや細菌の感染が原因かもしれないことに留意し，感染を広げないように対応することが肝心です。嘔吐した子どもにこれ以上吐かないように我慢させると，逆に勢いよく吐き出して嘔吐物を広げてしまうことがあります。ですから，ビニール袋を被せたバケツを用意しておき，吐きたいだけ吐かせるようにします。

周囲の子どもには，その場から離れるように指示します。

教室であれば廊下へ出て待機させます。また,素早く対処するために,養護教諭や他の教師に協力を求めます。

内線のような連絡手段がない場合には,周囲の子どもに呼びに行かせることもあります。その時に,ただ呼びに行かせてしまうと大勢で一斉に走り出し,混乱が生じる可能性があります。そうならないように「○○さん,職員室へ行って先生を呼んできてください」と必ず指名するようにします。

2 鼻血への対処

鼻血が出たときは,楽な姿勢で座らせ,鼻血を飲み込まないように下を向かせます。ティッシュをあてながら小鼻を鼻の骨に押し付けるようにして止血します。また冷たいタオルを鼻にあてたり,氷を口に含んだりして冷やすことも効果的です。10～15分程で血が止まれば心配ありませんが,なかなか血が止まらないときや頭を強く打ったときは,命に関わる可能性があります。すぐに養護教諭に報告し,受診するように対応します。本人や周囲の子に頭を打つことがなかったか聞いておくことも大切です。

(小野　雅代)

32 嘔吐・鼻血が出たとき

人前で嘔吐したり鼻血が出たりした子は「また同じことがあったらどうしよう」という不安を抱いています。子どもの抱える不安を心に留め，寄り添った指導をしていくことが大切です。

対処する力・思いやる心を育むチャンス

嘔吐・鼻血への不安は，自分で対処できる力を身につけていくチャンスです。また周囲の子どもに友だちの気持ちに寄り添って行動することを学ばせるチャンスでもあります。「大丈夫だよ」という声かけだけでなく，対処する力・友だちを思いやる心を育んでいけるように指導していきます。

傾向と対策

1 嘔吐への対処

人前での嘔吐を回避するには，自分で身体の調子を伝えられるようになることが必要です。よって「自分で言えたらすぐに助けてあげられるよ」ということを教えていきます。自分の体調をうまく伝えられない子も，少しずつ言えるように日常的な対話を重ねます。例えば「今日はなんだか顔色がいいね」「たくさん寝たかな」「朝ごはんはモリモ

リ食べたかな」「痛いところや具合の悪いところはないかな」と聞き出します。子どもが少しでも自分の言葉で伝えることができたら，「言ってくれてありがとう」と言えたことを認めていきます。教師に伝えられた経験を積み重ねることで，気軽に相談できる関係づくりにもつながります。

2 鼻血への対処

鼻血は，低学年の子どもでもできる簡単な手当ての方法を教えます。鼻血を止めるときは，「考える人のポーズ」が最適です。上を向かせると鼻血を飲み込んでしまい，気持ち悪さから嘔吐することがあります。ですから，椅子などに腰かけ，少しうつむいた姿勢で小鼻を強めにつまんで止血します。数分でたいていの鼻血は止まることも伝えます。血が出たとなると慌ててしまう子も多いですが，自分でも簡単に対処できることを教えておきます。

3 周りの子どもへの指導

低学年であれば，嘔吐・鼻血を出した姿を見て大騒ぎをしてしまうことが少なくありません。また「汚い」「臭い」と正直な反応をしてしまうこともあります。周囲の子どもにも，大騒ぎせずに思いやりのある行動がとれるように指導していく必要があります。そのためには，自分事として捉えさせることが有効です。「吐いたり鼻血を出したりしたことはあるか」「そのとき，どんな言葉をかけられたら嬉しかったか」を思い出させ，相手の気持ちを考えて落ち着いた行動がとれるように促していきます。

(小野　雅代)

「気になる子・やんちゃな子」指導スキル24

第2章● 「気になる子・やんちゃな子」 指導スキル24

1 すぐ叩く・蹴る子

些細なことですぐに叩いたり蹴ったりしてしまう子がいます。思い通りにいかないと，怒りの感情からすぐに手や足が出てしまうのです。

行動を止めるトレーニング

カッとなったときにどうしたら手や足を出さずに済むのかという対処法を指導します。すぐに叩く・蹴るという行動をやめさせるためのトレーニングを継続して行います。

傾向と対策

1 子どもを観察する

どんなときに叩いたり蹴ったりしてしまうのかを観察します。そのためには休み時間はできるだけ一緒に過ごすようにします。注意して様子を見ていると，どんな場面で叩いたり蹴ったりしてしまうのかがわかってきます。また，叩いたり蹴ったりする前の表情や体の動きもだんだんと読み取れるようになっていきます。

手や足が出そうな状況になったときや，表情や体の動きが見られたときは，そっと腕や肩に触れ行動をやめさせます。自分からは行動を止められないので，近くにいて行動を止めてあげる必要があるのです。

2 その場から離す

 止めても叩く・蹴るという行動が出たときは，毅然とした態度で，一旦その場を離れさせます。

 怒りの感情のピークは６秒程度しか持続しないと言われていますので，一旦その場から離すことで怒りが収まっていきます。

 友だちと離すことで，叩くと他の子とは遊べないということを体験させます。「人を叩いたり蹴ったりしてはいけないよ」「叩く子は，みんなと一緒には遊べなくなるよ」と言葉でも伝えます。繰り返し指導をすることで，だんだんと理解していきます。

3 怒りの感情をコントロールする方法を教える

 カッとしたときに，心を静めるための方法も併せて指導します。深呼吸をしたり，心の中でゆっくり数を数えさせたりすると気持ちが落ち着いてきます。水を飲んだり，目をつぶったりするなども効果があります。

 叩いたり蹴ったりするという行動は，すぐにはなくなりません。その中で，少しでも変化や成長が見られたときに，その子の努力を認めていきます。

 「叩いちゃったけど，３秒は我慢できたね」「いやだと言えたんだよね」と，感情のコントロールができたということを言葉で伝えていきます。訓練を続けていくことが大切です。

（高橋　正一）

第2章● 「気になる子・やんちゃな子」 指導スキル24

すぐ叩く・蹴る子

　自己中心的なものの捉え方から，やりたいことができなかったり思いが伝わらなかったりしたときに，言葉で伝えられずに叩いたり蹴ったりする子がいます。

気持ちを伝える指導

　すぐに叩いたり蹴ったりしてしまうことも自己表現の一つと考えます。そうした子に，手や足を出すのではなく，気持ちを言葉で伝えられるように指導をします。相手の思いを想像してみることも大切です。

傾向と対策

1 思いを言葉にしてみる

　まず，叩いたり蹴ったりしてしまったときの状況を確認します。「ブランコを貸してくれなかった」「仲間外れにされた」「好きな遊びをしてくれない」など，その子から見た理由が語られます。

　次に，どうしてほしかったのかを尋ねます。「ブランコを貸してほしかった」「仲間に入れてほしい」「自分の好きな遊びをしてほしかった」などの願いが見えてきます。「ブランコに乗りたかったんだね」「仲間に入れてほしかったんだ」「鬼ごっこがしたかったのか」と，その子の思い

に寄り添って言葉を返していきます。

そして，相手にどう伝えたらいいかを話し合います。「ブランコを貸して」「仲間に入れて」「鬼ごっこをしよう」など，自分のしたいことや思いを言葉で伝えたらいいということを確かめます。実際に先生を相手に言わせてみます。

2 相手の気持ちを想像する

「叩かれて痛かっただろうな。泣いていたよ」「蹴られて元気がなかったよ」と相手の様子を伝えます。叩かれたり蹴られたりした相手の子の様子を伝え，つらい気持ちを想像させます。

叩く・蹴るという行動が，自分にとっても相手にとってもつらいものだということを理解させていくことが大切です。

3 相手の事情も考える

思いを伝えるだけでは自分の願いがかなうとは限りません。相手にも事情があるからです。ここが抜けてしまうと，ちゃんと言葉で伝えたのに聞き入れてくれなかったということになってしまいます。

ブランコを例に考えると，「もう少し遊んでいたかったから」「今，遊び始めたばかりだから」という相手側の理由が考えられます。

そこで，どうしたら代わってもらえるかを話し合います。「どれくらい待ったらいいかを聞く」「もう少し待ってから声をかける」などの対処法が考えられます。

（高橋　正一）

第2章● 「気になる子・やんちゃな子」 指導スキル24

3 暴言や悪口を吐く子

暴言や悪口は相手を傷つけるものであり，いじめの要因ともなります。毅然とした態度で指導することが求められますが，注意や叱責だけでは根本的な解決にはなりません。

言動の裏に目を向ける

暴言や悪口を一時的にやめさせるという点においては，注意は効果的です。しかし，暴言や悪口を言ってしまう子にも，「イライラした」「我慢できなかった」など，それぞれの理由があるのです。言動の裏にある子どもの気持ちに寄り添いながら，暴言や悪口を減らしていきます。

傾向と対策

1 理由や原因を探る

（1）落ち着かせる

暴言や悪口が出てしまうとき，子どもは怒っていたり興奮していたりと，感情を抑えられないことがあります。空き教室や廊下などに場所を移し，子どもを落ち着かせます。

（2）話を聞き出す

子どもが落ち着いたら，受容的な態度・言葉がけで話を聞き，暴言の理由や原因を探ります。

【言葉がけの例】
①理由や原因を探る
「どんな気持ちになったの」「何かあったのかな」
②認める・感情を言語化し,自分の気持ちに気づかせる
「そうだったんだ」「いやだったんだね」「苦しかったね」
③次の方法を一緒に考えたり,教えたりする
「どんな方法があるかな」「次は○○って伝えてみよう」

2 良くないことだと理解できるようにする

暴言や悪口を言った子に対しては,「相手をいやな気持ちにしてしまうよ」と必ず理由を話しながら注意します。中には反射的に暴言が出てしまい,言ったことに気づいていない子もいます。そのときは,コミック会話(キャロル・グレイ『コミック会話』明石書店,2005)を使います。紙に人(言った子と言われた子)と吹き出し(言葉と気持ち)をかき,状況を可視化します。自分の言動の良くなかった点を理解させ,次の言動を一緒に考えていきます。

3 気持ちと言動の「間」を作る

「モヤモヤしたら6秒ストップ」という合言葉を作り,6秒の間に深呼吸して気持ちを落ち着かせたり,言っても良い言葉なのかを考えたりしてから発言するよう伝えます。これはアンガーマネージメントの方法(安藤俊介『どんな怒りも6秒でなくなる』リベラル社,2017)を基にしています。「6秒ストップできた?」と,子どもたち同士でも声をかけ合い,暴言や悪口を防いでいきます。　　　　　(加藤　慈子)

第2章●「気になる子・やんちゃな子」指導スキル24

暴言や悪口を吐く子

学校や家庭等,子どもたちは様々な場所で言葉を覚えます。その中には,しばしば相手を傷つけてしまう言葉が含まれていることがあります。

言葉を選ぶ

「みんなが言っているから」「気を引きたいから」と,何気なく暴言や悪口を使ってしまう子がいます。周りの人がその言葉をどのように感じているのかを知り,子ども自身が適切な言葉を選択して使っていけるようにします。

傾向と対策

1 「いやな言葉」を「嬉しい言葉」へ

(1) 受け取られ方を知る

子どもたちに,自分が言われて「嬉しい言葉」,「いやな言葉」を紙に書いてもらい,それらを分けて黒板に貼ります。普段使っている言葉が,相手にとってはいやな言葉だったということに気づかせ,言葉を見直すきっかけを作ります。

(2) 言葉を言い換える

相手を傷つける言葉だと知っても,多くの子はどう直して良いかわかりません。そこで,「『むかつく』ではなく,

『いやなことだからやめてほしい』と言えばいいよ」と，適切な気持ちの伝え方を教えます。また，「『うるせえ』はどう直したらいいかな」と，子どもと一緒に考えていくことも，「嬉しい言葉」を増やしていく上で有効です。

(3) 掲示し，振り返る

出てきた言葉を掲示し，月毎や学期毎に振り返ります。「この言葉はもうさよならだね」と，言われなくなった「いやな言葉」は

消していき，「もっと少なくしよう」という子どもの意欲を，暴言や悪口の減少に向かわせます。

(4) 家庭に知らせる

子どもたちから出された言葉をお便りに載せ，家庭でも言葉の使い方を見ていただく等，協力を呼びかけます。

2 「嬉しい言葉」を伝え合う

教室内にメモカードを用意します。「嬉しい言葉」を言っている友だちがいたら，「〇〇さんに，ありがとうと言われてうれしかったです。□□より」というようにカードに書いてもらい，帰りの会で紹介します。言葉を紹介された子には，"伝わった" "友だちが喜んでくれた" といった自己有用感をもたせることができます。子どもたちの中に「嬉しい言葉を使おう」という気持ちを育て，暴言や悪口を減らしていきます。

（加藤　慈子）

第2章● 「気になる子・やんちゃな子」 指導スキル24

5 威張る・仕切る子

友だちに対して，自分がやりたいように主張する子がいます。グループ活動など集団活動で自分の思うままに進めたがる子がいます。このような「威張る子」「仕切る子」は周りに迷惑をかけてしまいます。また，他の子がリーダーシップを発揮する機会や，活躍するチャンスを奪ってしまうことにもなりかねません。

自己顕示欲の強さ

威張る子・仕切る子の背景には，
- ・自分の力を示したい
- ・負けたくない
- ・自分が上に立ちたい

といった自己顕示欲の強さが伺えます。ルールや組織づくりの曖昧性，役割の不明確さがあると，さらに助長されてしまう恐れがあります。

傾向と対策

1 ルールや組織づくりの明確化～はっきり～

ルールがはっきりしないと，「俺がルールだ」と言わんばかりにあれこれと主張することを許してしまいます。また，役割が明確に位置づけられていないと，周りの意見を

聞かず進められる余地をつくってしまいます。

　ルールや一人ひとりの役割を事前にはっきりと決めておきます。質問や意見も聞き，活動前に全員で確認します。また，決めたルールや役割は，教室内に掲示して何度も確かめられるようにします。

2 輪番制の導入～順番に～

　班活動や係活動のリーダーを輪番制にして，どの子もリーダーを担当する機会をつくり，同じ子ばかりが仕切ることがないようにします。

　リーダーをないがしろにする発言には毅然とした態度で指導します。また，リーダー性が乏しく支援が必要な子は，教師が助言をしたり，フォローできる子をそばに置いたりして対応します。

3 集団決定～みんなで決めたことを～

　「みんなで決めたことを守ろう」が合言葉になります。

　子どもたちが意見を出し合い，出された意見に対して賛成反対意見，質問を出しながら比べ合い，最終的に決めます。低学年なので，状況によって教師の指導助言を入れながら話し合います。

　「みんなで決めたことは守らないといけない」という意識を学級全体でもつことで，規範意識も高まります。

　規範意識の高まりは，威張る子・仕切る子の発言を助長させないことにもつながっていきます。

（齋藤　知尋）

6 威張る・仕切る子 ソフト編

　自分の居場所を見つけることは，子どもたちが学校生活を過ごす上で大切です。

　ただ，自分の居場所を確保しようとして威張ったり，仕切ったりしてしまう子がいます。また，自分が周りの人に認められたいという思いから主張が強くなってしまったり，つい仕切ってしまったりする場面も低学年の児童に見られがちです。

自分の居場所がない・認められたい思い

　「自分はこの教室に居場所がある」と思うことができれば，周りに対しての言動も柔らかくなるはずです。なぜなら，自分のことを必要以上にアピールする必要がなくなるからです。そして，「自分が周りから認められている」と思えたら，気持ちにも余裕ができます。

　居場所をつくり認められていることを実感できるような環境づくりが必要になります。

傾向と対策

1 聞き上手を増やし，支持的風土を育てる

　良きリーダーを育てるのは良きフォロワーです。仕切った子の考えや思いを認めることを推奨します。

例えば，まずは意見を聞いてあげることができる環境づくりをします。聞けることがすばらしいことを繰り返し伝え，よく聞くことができた場面を大いに認めます。威張る子や仕切る子にもその良さを実感させます。

このようにして，学級全体に支持的風土の醸成を促していきます。

2 良さやがんばりが認められる「～のプロ」になる

一人ひとりが何かを認められる経験を積ませます。「～のプロ」「～賞」「～先生」など，その子なりの良さやがんばりが，学級全体で認められる場面をつくります。

担任が決めてもいいですが，子どもたちの意見も取り入れていくと互いに認め合える雰囲気をつくることもできます。

3 経験を生かしてアドバイザーになる

班や係活動などのリーダーになった子に，その経験を生かし，自分の係のアドバイザーとして機能させます。「おたすけ係」「ミニ先生」として活躍させることで，フォローすることの意義を感じることができます。

その際は，助けを求められた時に動く，言葉のかけ方に気を付けるなど，フォローの仕方のルールを決めて行動させます。

（齋藤　知尋）

第2章● 「気になる子・やんちゃな子」 指導スキル24

7 人の嫌がること をする子

　低学年は，自他を切り離して考えることが難しいため，自分がされて平気なことは他人も平気と認識してしまうことがあります。あるいは，相手意識をもちにくいため，自分は嫌だけど他人が嫌かどうかには思いが至らないという面もあります。相手の反応を「面白い」と感じ，嫌がっているのに何度も繰り返してしまうこともよく見られる光景です。

　「人が嫌がることはしない」のは他人の基本的人権を尊重することであり，人権感覚を養うという意味においても重要視されるべき指導事項と考えます。

基本を教える

　「人の嫌がること」は千差万別です。人によって好みが違うのと同じように，「嫌」の種類も程度も人それぞれです。しかし，「嫌だ」と言われたことは繰り返さないようにさせることが大事です。

傾向と対策

1 人によって違うことを教える

　「叩く」「バカと言う」「鉛筆を勝手に使う」「大きな声で話しかける」「変顔をする」「椅子をガタガタ鳴らす」「消

しゴムのカスを床に落とす」「背中をつつく」など，できるだけたくさんの項目をリストアップします。イラストとともに書かれた項目を1つずつ黒板に掲示し，「されたら嫌か，嫌ではないか」を質問します。平気→○，嫌だ→×として挙手させ，結果の人数を随時書き込みます。「嫌か嫌ではないか」の結果が人によってそれぞれであることを明確にするために，あえて二択で答えさせることがポイントです。

全員が嫌だと感じる明らかなこと（例えば叩くなど）は「嫌なこと」として認識しやすいことです。結果が割れたところは「嫌なことかどうか」を子どもたちに問います。「嫌と感じることは人によって違う」「相手が嫌と感じたら嫌なことになる」ことを確認します。

2 程度の違いを教える

「椅子をガタガタ鳴らす」であっても，程度による感じ方の違いがあることを教えます。音の大きさや頻度，場面などにより不快感が異なることを体験させます。「相手が嫌がったらやめる」という基本を押さえます。

（宇野　弘恵）

第2章● 「気になる子・やんちゃな子」 指導スキル24

8 人の嫌がることをする子

わかることとできることは違います。「人の嫌がることはしてはいけない」ことが理解できても，ついやってしまう子，やめられない子がいます。そういった子たちには全体指導だけ，あるいは「やめなさい」「どうしてするの」という表面的な指導だけでは改善されません。その子がやめられない，やってしまう裏側を理解することが必要です。

背景に応じた指導をする

やめられない，やってしまう原因は1つではありません。心理的なもの，環境的なもの，発達的なものが考えられます。教師の間違った対応で，行動を強化してしまうこともありますので注意が必要です。

傾向と対策

1 無自覚な子には冷静に事実確認をする

「嫌なことをしている」と自覚していない子がいます。自覚がないのに注意されれば，子どもは，一方的に責められた，先生は自分ばかり注意すると被害者的な気持ちになってしまいます。度が過ぎると，教師に対する不信感や敵対心も生まれます。ですから，事実の確認は大切です。「叱る」「注意する」という前提ではなく，あくまでも事実

を確認するという姿勢で接することが肝要です。場面の写真を見せたり経緯や関係を図に記したりしながら確認すると，状況を客観的に理解することができます。

2 意地悪したくなる子には目をかける

悪いとわかっていて意図的にやってしまう子がいます。相手が過剰に反応することが楽しかったり，自分に注目してもらえたと感じてしまったりする子です。

こうした場合，何らかのストレスのため欲求が抑制されていることがあります。低学年であれば，兄弟の誕生，家庭環境の変化などが起因していることも考えられます。だめなことはだめと教えた上で，その子の存在を喜ぶような声かけをします。教師のお手伝いやおつかいをお願いしたり，教師から遊びに誘ったりして自己有用感を高めます。

3 ついうっかりやってしまう子には発散させる

悪気なく，あるいは親和性の表現手段として嫌なことを繰り返す子がいます。感情のコントロールが未熟なため，仲良くなりたいという欲求を上手に表現できないのです。

人に関わりたいという自然な欲求であるのであれば，その欲求を発散させるというのは一手です。「グループで一番手が大きい子がプリントを取りに来る」「握手して一番手が暖かい人がノートを集める」など，日常活動に他者と触れ合う機会をつくるのです。あるいは，「大根抜き」や「アルプス一万尺」のように，身体接触を伴う遊びを意図的に行うのもよいでしょう。

（宇野　弘恵）

第2章●「気になる子・やんちゃな子」指導スキル24

ものをとる子

子どもがものをとるのは，淋しさ，自分を認めてほしいという心理の現れだという見方があります。また，「欲しい」という欲求を抑えきれずに，あるいは善し悪しの分別がつかずにとってしまうこともあります。

いかなる理由があっても，大人であれば窃盗罪として罰せられます。「とる」背景にある心理や問題も併せて考える必要はありますが，幼いうちに「窃盗は犯罪である」ことを教え，「窃盗はいけないことだ，絶対にしないぞ」という概念をもたせなくてはなりません。

とることの具体を教える

幼い頃から，家庭で，あるいは幼児教育の中で「人のものをとってはいけない」ことは教わっており，低学年であっても周知のことではあります。しかし，「とる」とはどういう行為を指すのかを理解していない子や，勝手に触るだけなら良いと考えている子もいます。

傾向と対策

1 とってはいけないを教える

「次のうち，だめなのはどれでしょう」
と問い，次頁のようなイラストを提示します。

第2章 「気になる子・やんちゃな子」指導スキル24

「ものをとってはいけない」という概念はわかっていても，具体的にどの行為が「とる」ことなのかわか

らない子がいます。①が「とる」ことであるのがわかっても，②以降は意見が分かれるところです。「自分のものではないものを勝手に自分のものにすること」がとることであり，④のように勝手に使うのも窃盗につながる可能性があることを押さえます。併せて人のものをとることは犯罪であり，子どもが窃盗した場合は親が責任を取ることも教えます。

2 「ごめんなさい」を教える

万が一とってしまったらどうしたら良いかを考えさせます。多くの子は，謝れば良いと言います。現実には，正直に謝るのは大変勇気がいることだし，見つからなければいいのではないかと問い返し考えさせます。さらに，見つからなければ何度も罪を重ねてしまうこと，次第に大きな罪を犯すようになることを教えます。

そうなる前に，もししてしまったら先生に相談すること，正直に話せたら怒らずに一緒に対応を考えることを約束します。

（宇野　弘恵）

第2章● 「気になる子・やんちゃな子」指導スキル24

ものをとる子

教室でものがなくなることは，安心，安全が脅かされることです。ものがなくなる事例が頻繁に発生すれば，学校や担任への信頼を失くすことにもつながります。

少なくとも，教室でものがとられるという事例はなんとしても防ぎたいものです。

とらせない環境設定をする

感情のコントロールが未熟な低学年にとって，悪いとわかっていても我慢できずにとってしまうことがあります。環境設定を工夫することによって，問題行動の未然防止を図ります。

傾向と対策

1 持ち物を規格化する

友だちの持っているものが羨ましくてとることは，低学年ではよくあることです。ごくごく普通の新しい色鉛筆でさえ羨望の的になることがあるのです。誰も持っていない，あるいはみんなが持っている最新のきらびやかな文房具が羨ましくなるのは，当然の心理ではないでしょうか。

「没・個性では？」「個人の自由でしょう」というお声もありますが，保護者には，できるだけシンプルな文具を揃

えていただくようお願いします。また，学校や学年で規格を決めて，それに従って準備していただくようお願いするのも効果的です。揃える文具は，華美なもの，なくても学習が成立するものは排除し，必要最小限のものとします。

「子どもが羨むため」というより，「シンプルなものの方が学習に集中できる」と説明した方が理解は得られやすいでしょう。

2 死角を失くす

ロッカーや机の配置などによって教室に死角があれば，誰がいつ何をしているかがわかりにくくなります。一方，ものがなければ身を隠すことができず，誰にも見られずにものをとることが難しくなります。

棚やロッカーなど視界を遮るものがあれば端によけ，教室全体を見渡せるように配置換えをします。

3 整理整頓をする

ものが乱雑に配されていれば，ものに無頓着という印象を与えます。「ものがなくなってもわからないのではないか」とも思わせます。実際，乱雑な中では人の動きもものに紛れ，行動が把握しにくくなります。よって，教室の中はいつも整然と整理されていることが大切なのです。

子どもたちのロッカーや机の中も同様です。どこに何を保管するかを明確にし，整理させます。定期的に点検し，紛失物があれば徹底的に探します。徹底した管理，追及の姿を見せることも抑止につながります。

(宇野　弘恵)

11 嘘をつく，ごまかす子

嘘とは，事実ではないこと，人を騙すために言うものです。一方，ごまかすとは，人目を欺き不正を行う，表面を取り繕うことを指します（沖森卓也・中村幸弘編『ベネッセ表現読解国語辞典』ベネッセコーポレーション，2003）。

"嘘には寛容，ごまかしには厳格"が基本

厳密に言うと，嘘をつくことによってごまかしが生じるのですから，この２つを分けて考えることは難しいかもしれません。いずれにしても他者に迷惑をかけることに違いはありませんから，その規模に応じた指導をすることが大切です。

傾向と対策

1 他愛のない嘘は追及しない

現実と空想，願望が時折入り組んでしまうのが低学年。自覚なく嘘をつくことはよくあることであると心得ておきましょう。人に迷惑がかからない「話を盛る」程度の嘘は敢えてスルー。そんなことに厳格な指導をすれば，周囲から「嘘つき」のレッテルを貼られてしまいます。

また，「お腹が痛い」「アレルギーで食べられない」など身体に関わる嘘をつく場合には，不安やストレスが原因か

もしれません。追及や叱責などせず，ゆったり話を聞く機会を設けましょう。休み時間に，手をつないで校内を散歩するだけでも気持ちが安定することがあります。

「この鉛筆，イチローにもらった」「お年玉に10万円もらった」など，あまりにも大げさな嘘が繰り返される場合は，背景にかまってもらえない寂しさがあるかもしれません。まずは黙って聞くことが基本です。また，

・そうなったらいいと思ったんだね。
・それが，あなたの夢なんだね。

と時折現実と嘘の世界をつなげます。間接的に「今のは現実ではないですよ」と伝え，状況をメタ認知できるようにするのです。あくまでも個別で，そして「責め」ではなく「共感」のスタンスで接することが肝要です。

2 悪意がなくてもごまかしは許さない

自分の非を人になすりつける，人の物を壊したのに認めない……これらは自分の身を守ろうとするごまかしです。他愛ない嘘と違い，他人に罪を預け傷つける行為は卑劣です。二度としないと思わせる厳しい指導が必要です。

しかし低学年は叱られることを避けようと，無意識に自分に都合の良い話し方をするものです。また「やめて」を「悪口」，ぶつかったを「叩いた」と表現することもあります。相手がそれを自覚していないため「嘘をついてごまかしている」ように見えることがあります。さわりだけを聞いて決めつけず，丁寧に話を聞くことが肝要です。

(宇野　弘恵)

第2章●「気になる子・やんちゃな子」指導スキル24

嘘をつく，ごまかす子

嘘やごまかしに適切に対応するためには，まずは事実かどうかを見極めることが大切です。思いこみで指導することのないよう，事実の把握に努めなくてはなりません。

嘘やごまかしができないように聞く

気持ちを語れば，感情が高ぶってきます。感情が高ぶると客観的に理性的に考えられなくなります。

よって，事情を聞くときは，事実と感情を分けて聞くことが基本です。

傾向と対策

1 事前に「ごまかしは叱る」を伝える

事実確認の前に言って聞かせなくてはならないことがあります。それは，「ちゃんと事実を話しなさい」ということです。

嘘やごまかしなしに公正なフィルターを通して話すことができれば，自己省察は完了。厳しい指導は要りません。すぐに対策，対応に向かうことができます。だから「本当のことだけをちゃんと話したら，先生は叱らないよ」となるのですが，低学年にはなかなかこれが落ちません。

落ちない理由の一つは，幼くて理屈が理解できないこと

です。よって，大事なことだけを端的に伝えます。
・嘘をつかずに，本当のことを言います。
・嘘を言わなかったらどんなことも叱りません。このあとどうしたらいいのかを，あなたと一緒に考えます。
・あとで嘘とわかったら，泣いて話せなくなるほど叱ります。

言葉で理解させるより，教師の迫力，本気を伝えるという意識が必要でしょう。「正直に言う⇒頭をなぜる」のようなイラストと共にイメージさせると，よく伝わるでしょう。

理由の二つ目は，本当のことを言ったがために叱られた経験をもつ子が「叱らない」を信用しないことです。普段の信頼関係が鍵となりますが，「ぜったいにしからない」と紙に書いて約束を交わすのも低学年には有効です。

2 事実と感情を整理して聞く

低学年が事実と感情を区別することは容易ではありません。紙に書いて整理しながら話を聞きます。

最初は事実だけを聞きます。曖昧な部分は何度も確認し，メモに間違いがないかを確かめることで，嘘やごまかしを織り交ぜにくい状況をつくります。その後感情を話させ，頷いたり相槌をうったりして共感的に聞きます。正直に言えた時には，共に喜ぶことで正の行動を強化します。

こうしたやり取りを経て信頼関係がつくられ，嘘やごまかしで身を守らなくてもよいことを学んでいきます。

（宇野　弘恵）

第2章● 「気になる子・やんちゃな子」指導スキル24

13 不要物を持ってくる子

学用品を扱うお店には，キャラクターグッズやかわいい文具がたくさんあります。子どもが欲しいと思うのは当然ですが，そうしたものは学習に集中しにくくなるばかりか，トラブルの原因となることもあります。

ルールを決めて徹底する

学用品に関わる基本ルールを決め，例外を認めないことが大事です。また，学習に必要のないものは持ってこないということも確認しておきましょう。

最初にルールを決め，徹底します。ルールを守らないことが常態化すると，学級の荒れにつながることもあるので初期の指導が大切です。

傾向と対策

1 ルールを決める

学習に必要な用具は，鉛筆5本程度に丸付け用の赤鉛筆1本，消しゴム，定規があれば十分です。

鉛筆・消しゴム・定規はキャラクターの絵のついていないものにします。ペンケースもできるだけシンプルなものを選んでもらうようにしましょう。両面開きのものや鉛筆削りのついたものは，授業中に触ってしまうことになるの

でおすすめしません。

「隣のクラスの子は持ってきている」「兄弟が使っている」とならないよう,学年や学校で統一することも大事です。

2 子どもへの語り

ルールを決めた理由を説明します。

キャラクターのついたものは,使うたびに絵が目に入ってくるため勉強に集中しにくくなります。

ルールに外れたものや必要のないものを持ち込むことは,友だちから責められたり,羨ましがられたりしてトラブルの原因になります。

学校は友だちと仲よく過ごし,勉強をするところなので,こうしたルールがあるのだということを伝えます。

3 家庭への呼びかけ

ルールは,お便りや懇談で家庭に伝えます。家庭でも不要なものは買い与えないよう協力をお願いします。買ってしまった場合は家庭で使用し,学校には持ち込まないようにお願いします。

教室に持ち込んだ場合,教師が帰りまで預かります。帰りに返すようにしますが,連絡ノートなどで様子を知らせ翌日は持ってこないようにお願いします。家庭との連携が大事です。

持ってきても出せないということを学習させる必要があります。

（高橋　正一）

第2章● 「気になる子・やんちゃな子」 指導スキル24

不要物を持って くる子

朝，教室に来たときに，新しいおもちゃを持ってきて友だちに見せたり，シールやメモ帳を配ったりする子がいます。うまく友だちと関われない子が，ものを媒介にコミュニケーションを図ろうとしているのです。

友だちとの関係をつなぐ

不要物を持ってくる子は，みんなが持っていないものを見せたり，配ったりすることで，友だちから注目を浴びたいという思いがあります。ものがなくても友だちと関わっていくことができるという経験を積ませます。

傾向と対策

1 教師とおしゃべりをする

朝の子どもの様子を観察します。メモやシールなどを出し始めたときをきっかけに声をかけます。先生にもあげると持ってくるときもあるでしょう。

子どもの目的は，ものを中心としてコミュニケーションをとることです。その気持ちを一旦受け止め，いきなり注意をするのではなく，持ってきたものから話題にします。「新しいメモ帳だね」「イラストがかわいいね」と，語りかけていくと，受け入れられたと感じます。そして，好きな

第2章 「気になる子・やんちゃな子」指導スキル24

ものは何か，家でどんなことをして遊んでいるのかなど話題を広げていきます。

2 他の子を巻き込む

　教師とおしゃべりをしていると，近くで様子を見ていたり，おしゃべりを聞いたりしている子が興味をもって近寄ってきます。「Aさんは猫が好きなんだって。Bさんはどう？」というように，近寄ってきた子に話題をふります。「Cさんも猫が好きって言ってたよね」と，教師の方から近くにいる子に声をかけることもいいでしょう。子どもと教師の1対1のおしゃべりに，他の子を巻き込んでいきます。教師が話題をふりながら，周りの子との共通の話題を探っていきます。

3 友だちとの関係を作る

　共通の話題で友だちとのおしゃべりが盛り上がってきたら，少しずつ教師の介入を減らしていきます。教師を挟んでいた会話のスタイルを子ども同士のおしゃべりに変えていきます。友だちとのコミュニケーションがとれるようになると，不要物を持ち込むことは減っていきます。

　持ち込んだ不要物については，「大切にしまっておこうか」と声をかけ，カバンに片付けさせます。「お家で使うようにして，学校には持ってこないようにしようね」と，不要なものを持ってこないように伝えておきます。

　時間があれば，一緒に遊びに誘うのもいいでしょう。

（高橋　正一）

第2章●「気になる子・やんちゃな子」指導スキル24

15 ルールを守って遊べない子

　少人数や気の合った友だちばかりとの遊びが多かった幼少期に比べ，人間関係が広がる低学年では，集団遊びが多く見られるようになってきます。集団で遊ぶことを通して，他人との接し方や問題の解決の仕方，他者との折り合いの付け方などを学んでいきます。つまり，子どもは遊びを通して社会のルールを学んでいると言っても過言ではないのです。

　そう考えると，ルールを守らない子を叱責したり，ルールを守って遊ぶことを目的化したりすることに何ら意味がないことがわかります。遊びのルールを守ることで社会性が育つような指導が求められます。

ルールの意味について考えさせる

　決まりがあることで安心して安全な毎日が送れるのと同じように，ルールがあるからこそ遊びが楽しくなるのです。ルールの恩恵を考えさせると共に，楽しさ共有のためのルール遵守の意識を育てることが肝要です。

傾向と対策

1　ルールなしを想像させる

　ドッジボールの場面を想起させます。赤組と白組に分か

第2章 「気になる子・やんちゃな子」指導スキル24

れてゲームをしますが、「ルールなしの何でもあり」とすることを告げます。子どもたちに、やってみたいか否かを尋ねます。どちらの意見も板書し、メリットとデメリットを整理します。「ぐちゃぐちゃになって面白くない」「勝ち負けがわからない」「きっと怪我をする人が出る」という意見が続出する一方、「好きにボールを投げられるからやってみたい」「面白そう」という意見も出ます。

しかし、一度だけならまだしも、ずっとルールなしだったらきっと怪我やけんかが起き、楽しくなくなることを押さえます。みんなが楽しむにはルールは必要だね、とまとめます。

2 ルールをみんなで作ってみる

体育館などの広い場所で活動します。4人1組に風船を渡し遊ばせます。初めは夢中で打ち合っていた子どもたちも、次第に飽きてしまいます。その頃を見計らって、感想交流。飽きる、つまらない思いを共有します。次に、

・右手しか使ってはいけない。

・2対2で対戦し、4回触ってから相手に渡す。

などの条件のもと遊ばせます。条件（＝ルール）があることにより、スリルや興奮度が増すことを体験させます。

最後に、自分たちでルールを作らせ遊ばせます。「足しか使っちゃだめ」「風船を触った後は、猫のまねをする」など、楽しいルールが出されます。ルールがあるから安心して楽しめる、ルールを守るから楽しいということの両方を体験させることができます。

（宇野　弘恵）

第2章●「気になる子・やんちゃな子」指導スキル24

ルールを守って遊べない子

ルールを守ることの必要性がわかっていても,なかなか守れない子がいます。周りの子が困るという以上に,その子が周りから相手にされなくなったり疎まれたりするようになることが懸念されます。

守れない原因に応じた対応をする

教師は,ルールが守れない子をわがままな子,自分勝手な子とラベリングし,ルールを守るように注意,叱責しがちです。

しかし,本当にわがままだからルールが守れないのでしょうか。自分勝手だからルールに従えないのでしょうか。ルールを守れない原因を探りながら,どの子も親和的に集団遊びができるようにすることが教師の務めです。

傾向と対策

1 ルールの理解度を確認する

低学年の場合,理解不足,勘違いのためにルールが守れていないことが多々あります。まずは,ルールがきちんと理解されているかの確認が必要です。

視覚優位の子には,音声言語だけで説明することは危険です。最初しか聞いていなかったり,理解しながら聞けな

かったりするため,図やキーワードを用い視覚的に説明することを心がけます。また,「ここまでわかった?」と小さなステップで確認しながら進めることも大事です。

2 一つ一つ確認して練習する

一度に2つ以上のことを処理する「同時処理」が苦手な子がいます。ドッジボールであれば,「当たる→外に出る」という2つを同時にしなくてはなりません。これができないのです。また,「ボールに当たった」という直前のことを忘れてしまって「外に出る」ことができない子もいます。この場合,個別に何度か練習することが必要です。

「当たる」「出る」という言葉と共に行動させることによって,2つの動作をまとまりとして捉えられるようになります。

上手にできた時は,教師も一緒になって喜ぶことにより,ルールを守って遊ぶことの楽しさを強化することができます。

3 教師も一緒に遊ぶ

教師が一緒に遊ぶことにより,そばでルールを教えたり確認したりすることができます。また,ルールを破ってしまった子に適切なフィードバックをさせたり,アドバイスをしたりすることもできます。何より,ルールを破りがちな子をフォローし,周りからの孤立を避けることもできます。

教師が「接着剤」「翻訳者」となり,楽しく集団遊びができるような介在が求められます。　　　　　（宇野　弘恵）

第2章● 「気になる子・やんちゃな子」 指導スキル24

勝ち負けに異常に拘る子

ゲーム遊びや体育で行う試合で勝ち負けに異常に拘ってしまう子がいます。その場の雰囲気を壊すだけでなく，その後の活動に影響することにもなります。

結果重視を避ける

勝ち負けに異常に拘る子は，結果を意識しすぎるために勝ち負けだけに目が行ってしまいがちです。そして，負けそうなときや，負けたときに周りに対しての言動がきつくなってしまい，トラブルになることがあります。結果のみに拘らないようにしておく指導が必要です。

傾向と対策

1 目的の共通認識

「何のためにやっているのか」を重視します。勝ち負けよりも大事なことに気づかせます。試合や遊びの前に全員で確認しておきます。模造紙や画用紙に活動のねらいを書いて掲示するなど，可視化しておくことも必要です。

また，「笑顔でゲームをしよう」といった目標を立てるなど，楽しく活動できるような目標を立てておくのも方法の一つです。

2 トラブルを避ける言葉遣い

勝負に拘ってしまい，負けそうなときや負けた後に，周りの子たちを責めたり，怒ったりしてしまう子がいます。相手を傷つける言動は慎むべきです。

〈プラス言葉〉

○人を喜ばせる言葉・優しい言葉・感謝の言葉・やる気が出る言葉・明るくなる言葉

　例：ありがとう　いいね　すごい　じょうずだね
　　　たのしい　よかったね　うれしい

〈マイナス言葉〉

○人に嫌な思いをさせる言葉・悪口・文句・やる気がなくなる言葉・暗くなる言葉

　例：いやだ　つらい　きらい　うざい　きたない
　　　つまらない　きえろ　むかつく　へただね

上のような「プラス言葉」「マイナス言葉」について子どもたちと話し合い，プラス言葉を日常的に学級全体で使っていくようにします。

ゲームをしているときには，「プラス言葉」で話すようにしながら，「マイナス言葉」が出たときには，即指導するようにします。

普段から「マイナス言葉」を使わない指導をしていれば，勝負に拘る子も意識することになりますし，指導した内容について理解することもできるはずです。

（齋藤　知尋）

第2章●「気になる子・やんちゃな子」指導スキル24

勝ち負けに異常に拘る子

ソフト編

負けず嫌いは，マイナス面だけではありません。見方を変えれば，勝利を目指してがんばっているとも言えます。一生懸命さは認めてあげたいところです。しかし，気持ちを切り替えようとしてもなかなか抜け出せなかったり，長時間にわたって引きずったりしないようにさせていかなければなりません。

感情のコントロール

もっと経過に目を向けさせ，そこでのがんばりや一生懸命さを自分も周りも認めることができれば，勝負に対する強い拘りも薄れます。

結果に拘ってしまい，そこから自分では抜け出せない子に対しては，感情を抑えたり，視点を変えさせたりするような指導や支援を工夫します。結果よりも過程を重視する取組もその一つです。

傾向と対策

1 クールダウンさせる

勝負に拘りすぎて興奮状態が収まらない場合があります。その際はクールダウンさせます。基本的に担任と行いますが，慣れてきたら自分でもできるようにしていく方向で関

わります。
①落ち着ける場所に移動
　他の子が視界に入らない場所への移動を促します。何度も繰り返される場合は，クールダウンできる場所を固定しておく方法もあります。
②10数えて深呼吸
　ゆっくり「1，2，……10」と数えさせて深呼吸させます。感情が静まるまで繰り返します。慣れてきたら，自分でもできるようにします。

2 興味関心が高まるような活動をさせる

　興味関心が高まるような活動を意図的に仕組み，意識を向けさせます。その子が好んでできる簡単で楽しい活動や，短時間で静かに熱中できるプリントでの学習を行います。

3 過程に目を向けさせる

　勝負に拘っている子は，勝利を目指してがんばっている子でもあります。一生懸命さ，真剣さをみんなで認める場面を設定します。

　例えば，活動後に「今日のゲームで一生懸命やっていた人は誰でしょう」と聞いたり，帰りの会で互いのがんばりを認め合うコーナーを設定したりします。「～くんはがんばっていた」「すごく一生懸命だった」といった言葉を周りから聞くことで，勝ち負けよりも，がんばる姿勢に価値があることに気づかせます。

（齋藤　知尋）

第2章●「気になる子・やんちゃな子」指導スキル24

19 すぐに先生に言いつける子

ハード編

「先生に言いつける」という行動をとると「先生が聞いてくれる」という報酬が得られます。教師は誠実に問題解決にあたろうとしますが,安易な対応は「言いつける子」に「注目」という報酬を与えることになります。

どのように強化のループを断ち切るか

「言いつけると注目してもらえる」という強化のループを断ち切る必要があります。「Aちゃんが私のことをにらんでくる」というように当事者として言いつける場合と,「Bちゃんが廊下を走っていた」というように,第三者として言いつける場合では対応が異なります。いずれにせよ,「"自分で"解決のために行動できたこと」を認め,強化することが「すぐに言いつける子」の成長につながります。

傾向と対策

1 「どうしたいのか」を問い,その後の行動を評価する

前者のように,当事者としての言いつけは事実関係の把握が大前提です。しかし,客観的な事実として認定しやすいものと,本人の主観が大きく働いているものでは,どこまで踏み込めるかが微妙に変わってきます。少なくとも教師による決めつけは,不信感を招きますので避けなければ

いけません。解決の主体はあくまでも子ども自身であって，教師はそのサポートに徹するのだという姿勢を貫きます。

・本人の言い分を十分に聞く。
・相手の言い分を同じように聞く。
・「どうしたいのか」を聞く。
・「どうすることがよりよい解決なのか」を示す。
・「次に同じことがあったらどうしたら良いか」を示す。
・その後の様子を観察し，望ましい場面を評価する。

言いつける子どもを「問題解決の当事者」として接します。そして指導の事実を記録し，次に望ましい行動が見られたら「できたね，えらいね」とフィードバックします。

2 「自分に何ができるか」を問い，価値付けする

後者のような，第三者の立場からの言いつけに対しては，緊急を要するものでなければ，言いつけられた相手の問題ではなく，その子自身の課題として対応します。

「そうなんだね。じゃあ，Ｂちゃんが廊下を走らないようにするためにあなたには何ができる？」と問うと「注意する」という答えが返ってくるでしょう。「なんて注意するの？　"廊下は歩いて下さい"だといいなぁ」というやりとりを通して，望ましい働きかけの仕方を教えます。

実際にその通りに行動できたことを認め，「注目されたい」欲求を，集団へ貢献する形に変換してその子にフィードバックします。このことが自信につながり，すぐに言いつけることは減っていきます。

（藤原　友和）

20 すぐに先生に言いつける子

第2章● 「気になる子・やんちゃな子」 指導スキル24

　すぐに先生に言いつける子の背景に目を向けます。言いつけたくなる子，裏を返せば先生の注目を得たいという子にはそれなりの理由があるはずです。ただ禁止するだけでは，子どもの気持ちを抑圧するだけでその子の成長につながりません。

言いつける子の背景

　先生に言いつけて注目されたいという心理の裏には，その子が置かれた状況があります。「集団の中に居場所がなく，自己肯定感が下がっている」「先生を独り占めしたい」など，様々なものが考えられます。

傾向と対策

1 友だち関係を把握し，つなぐ

　まず考えられるのが，「集団の中に居場所がなく，先生とのつながりを求めている」という子どもです。他人の落ち度を指摘するというつながり方を選んでしまう子どもですので，普段から上手に友だちとつながることができていないことが心配されます。「優しい言葉遣いで」「いいところを見つけながら」一緒に遊んだり学習したりする良さが感じられるようにします。「AさんがBさんに折り紙を1

第2章 「気になる子・やんちゃな子」指導スキル24

枚もらって一緒に遊んでいたでしょ？　Bさんは嬉しそうだったよ」「できあがった折り紙のお花に『可愛いのができたね』って褒められたとき，Aさんも嬉しそうだったね。どんな気持ちがした？」「そうだね。いいところを見つけて優しい言葉で伝えると，とても嬉しくなるね」と，望ましい関わり方をしているところを見つけてフィードバックします。

　すぐには変わりませんが，友だちとの関わり方が良くなり安心感が生まれてくると，すぐに言いつけることは減っていきます。

2　変わったところがないかよく観察する

　「先生を独り占めしたい」という場合は様子を見ます。

　新学期早々だと，新しい環境に不安を覚えている場合が考えられます。しかし，年度の途中で急に変化が生じた場合には，その子と保護者との関わりにも注意を払う必要があります。保護者が仕事などで子どもと関わる時間が減り寂しい思いをしていたり，別の問題を抱えていたりする場合もありますので，表情や言動に気をつけます。

　「日曜日はどこかに行ってたの？」とその子に休日の様子を聞くと，家での様子が掴めます。「晩ご飯は何を食べた？」と，食事についての話題からも様子がわかることがあります。心配なことがあったら保護者と連絡を取り合い，「心配している」こと，「何かあったら遠慮なく相談してほしい」ことを伝え，見守ります。

（藤原　友和）

第2章● 「気になる子・やんちゃな子」 指導スキル24

お手付き発言が多い子

大勢の前で話をすることが得意な子もいれば，苦手な子もいます。得意な子の中には，思いついたことがあると，すぐに話し出してしまうような子もいます。結果，周囲の友だちの発言機会を奪い，意欲を失わせてしまうことにつながってしまうこともあります。

教室での発言にはルールがある

思ったことを話せるのは，とても素晴らしいことです。それが，度を超してしまうことで問題が生じています。発言の機会がみんなにあり，みんなで自信をもって話せるような学級風土をつくっていくことが大切です。

傾向と対策

1 話し手の基本的なルールをつくる

話し手がきちんと話せるようにするために，まず，「指名→起立→発表」の基本的な型を身につけさせます。誰が話すのかを全員がわかるようにするための方法です。そして，その上で「順番を守る」というルールをつくります。子どもたちにとっては，順番がいつ回ってくるかといった見通しがあると守りやすいです。その点で，列指名，挙手させて指名するときに発表順を伝える，黒板にネームプレ

第2章 「気になる子・やんちゃな子」指導スキル24

ートを発表順に貼る等といった方法が効果的です。

2 聞き手の基本的なルールをつくる

　お手付き発言が出にくい雰囲気にするには，聞き手を育てることも大切です。その上で必要なルールとして，「聞くときは話さずに最後まで聞く」をつくります。まず，聞く態度として，話し手に目線を向けるようにさせます。「今は聞き手」ということを自覚させるためです。

　このように話す立場と聞く立場の行動を明確にすることで，お手付き発言を始めたとしても，「聞く姿勢をとります」と助言することができます。また，発言を制するハンドサインを決めておくことも効果的です。話し手の時間を奪わずに，その子に気づかせるきっかけをつくることができます。

　特に，お手付き発言で気になる子が聞く態度をとれたときには，「聞く姿勢がとてもいいです」とすかさず評価します。話すことではなく，聞くことにもやりがいや達成感を感じる機会ができると，学級全体の話すこと・聞くこと両面への意識が高まります。

（太田　充紀）

第2章● 「気になる子・やんちゃな子」 指導スキル24

22 お手付き発言が多い子

お手付き発言が多い子にとっては，話したい欲求を抑える経験を重ねることになるため，満たされない気持ちが膨らんでしまいがちです。その子にとっても満足できるような工夫が必要です。

発言してしまう思いを受け止める

お手付き発言をする子には，次の3つのタイプがいます。
・思いついたら口から出る「ついつい話すタイプ」
・注目してほしい思いが強い「私を見てタイプ」
・聞いてもらうまで譲らない「オレ様タイプ」

それぞれの思いを受け止め，改善のために取り組むことを考えていくことが大切です。

傾向と対策

1 「ついつい話すタイプ」は，コントロールさせる

思いついたら口から出てしまうので，「先生っ！」といった呼びかける言葉から話し始めるようにさせます。これで，「今は，待って」や「では，どうぞ」というように，話して良いときかどうかを伝えることができます。これをコントロールできるようになったら，次に「挙手をする」といった行動で示すようにさせます。「先生っ！」のとき

第2章 「気になる子・やんちゃな子」 指導スキル24

お手付き発言が多い子／ソフト編

と同じように、きちんと対応し、受け止めている姿勢を見せることがポイントです。

2 「私を見てタイプ」は、ベクトルを変える

まず、その子の注目してほしいという思いを日常的に受け止めます。話を聞けるときには聞き、難しいときには「日記に書いてきて」と促し、それを読むようにします。

お手付き発言自体に対しては、まず、自分がしてしまっているということを理解させた上で、「ルールを守って過ごすには、ここをよりよい方法に変えるといいと思うんだけど…」とその子に提案し、一緒に対策を考えます。その一例としては、「書かせる」ことが効果的です。大きめの付箋紙を渡しておいて、思いついて話したくなったら、そこに書かせ、机に貼らせます。折を見て、教師がはがしとり、答えていくと、その子の思いに答えることが可能です。

3 「オレ様タイプ」は、役割を担わせる

聞いてもらうためには、怒ったり、周りの邪魔をしたりすることもあるので、その子と自分との秘密のサインを決めておき、制止する約束をつくります。制止できたら褒め、できなくてもそのときの思いを聞き、受け止めます。

発言自体には、学級の中における「ご意見番」の役割を請け負ってもらい、「○○さんは、どう思う？」と話の最後辺りで聞くようにします。聞いてもらえる見通しがもてることと特別な位置づけで、前述した約束を受け入れやすくさせます。ルール遵守を求めつつ、思いに答えるのがポイントです。

（太田　充紀）

第2章● 「気になる子・やんちゃな子」 指導スキル24

23 ごめんなさいが言えない子

「ごめんなさい」は様々な人間関係のトラブルを解決するのに有効な手段です。「ごめんなさい」を言える力をつけることはとても大切なことです。

ごめんなさいが言えないとき

「ごめんなさい」が適切に言えない場合，以下の３つの原因が考えられます。なぜ子どもが言えないのか原因を把握し対応することが大切です。

①自分は悪くないと思っているから納得できない。
②言ったと主張するが，相手に伝わっていない。
③悪いとわかっていても素直になれない。

傾向と対策

１ 双方に問題を整理して把握させる

自分は悪くないと思っているのに謝罪をすることはできません。まず，教師は当事者から詳細に事実確認をし，問題の整理をします。この際，教師の見解を差し挟むことなく事実だけを丁寧に確認していき，原因の究明や解決の方策を当人同士に考えさせます。双方の納得の上で問題点が整理されれば，謝るべき立場はどちらなのかが明確になり納得して「ごめんなさい」を言うことができます。

第2章 「気になる子・やんちゃな子」指導スキル24

2 「言えば良い」というものではないことに気づかせる

「謝ったのに許してくれない」「聞いてない！」というやりとりをよく耳にします。まずは「自分が悪いと気づいたんだね」と，謝ろうとしたことを評価します。そして穏やかな口調で，謝ったときの様子について「どこを見て言ったの？」「声の大きさはどうだった？」「相手は気づいてくれた？」など，観点を与えながら振り返らせます。その上で「どうやったら伝わるかな？」と考えさせます。ただ言えば良いのではなく，伝える気持ちを全身で表現することが大切であることに気づかせます。

3 「ごめんなさい」は負けではない

自分が悪いとわかっていても，「ごめんなさい」を言うことで相手に負けるような気がして素直になれない子もいます。そんな子に謝罪を強要することは，効果的ではありません。「先生は，○○さんが今の嫌な気持ちのままいくよりも，ごめんなさいを言ってすっきりしてほしいと思っているよ」と伝えます。「ごめんなさい」を言うことは負けではなく，自分の心の中のモヤモヤをすっきりさせるための有効な解決ツールであることを伝え，自分のためにも，素直に謝ることができるよう支援します。

（新川　宏子）

第2章●「気になる子・やんちゃな子」指導スキル24

24 ごめんなさいが言えない子

ソフト編

　自分が悪い，謝らなければならないことはわかっているのに，なお謝れない子がいます。素直に相手に謝罪の気持ちを伝えることができるようにしたいものです。

大切なのは言葉よりも中身

　大人は時に「ごめんなさいは？」や「謝りなさい」と，とにかく「ごめんなさい」を言わせようとします。しかし大切なのは「ごめんなさい」の裏側にある気持ちです。形だけの謝罪は本当の問題解決にはつながりません。子どもがなぜ謝罪できないのか，心の内面に寄り添い自然に「ごめんなさい」が出てくるように支援することが大切です。

傾向と対策

1 ステップを踏んで練習する

　自分一人で謝罪の気持ちを伝え，謝ることはとてもハードルの高いことです。そんなときは，いくつかの段階を踏んで，一人で謝ることができる力をつけていきます。最初は子どもの気持ちを大人が代弁し，謝る姿を子どもに見せます。大人が謝ってトラブルを解決する姿を見せることに大きな意味があります。次に「ごめんなさい」だけ一緒に言います。ごめんなさいが言えた後は「すっきりしたね」

「許してもらえてよかったね」と謝ることの価値づけをします。このようなステップを踏みながら，最終的には一人で自分の気持ちを言葉で表現し謝れるようにします。

2 安定した人間関係の中で

子どもにとって「ごめんなさい」と言うことは，自分の弱い部分をさらけ出さなければならない瞬間です。その緊張感で言えない場合は，言わせることを急ぐより，ゆっくりと子どもの心の緊張を取ることが大切です。「どうしたらいいと思う？」「どうしたい？」などの質問で，子どもの気持ちを表出させ，子どもがしたいと思っていることを全力で応援するということを伝えます。もし，「わからない」と言ったときには，「大丈夫だよ，一緒に考えようね」と，あくまでも味方になるということを強く印象づけ，支援します。

3 メリットを明確にする

謝ったって何もいいことはないと思っていると，素直に謝ることはできません。教師が謝ることのメリットを言語化し，子どもたちに伝えるということはとても大切なことです。日常の中で起こる様々なトラブルを解決する場面において，謝ることによって何が変わったのかを全体の場に還元し，「ごめんなさい」の効果をクラス全体で確認しておきます。

併せて，上手に謝ることができた子を価値づけし全体に紹介することで，謝ることにはプラスのイメージがあるというモデルを作っておくことも大切です。　　（新川　宏子）

「学習規律・生活規律」指導スキル16

第3章● 「学習規律・生活規律」 指導スキル16

1 座り方を教える

幼稚園・保育園では，ある意味「動き回って遊ぶ」ことが子どもの仕事だった生活から，小学校に入学した瞬間から「じっと座って学ぶ」ことが求められるようになります。座ることに不慣れな子どもたちに対しては，そのコツやポイントを丁寧に教え，手本を示し続けることが大切です。

3つの指導場面をイメージする

活動内容によって，3通りの座り方（指導）があります。
（1）椅子に座って前を向き，話を聞くとき
（2）椅子に座って机に向かい，学習や食事をするとき
（3）床に座って前を向き，説明や指示を聞くとき

傾向と対策

1 椅子の正しい座り方

（1）前を向き，話を聞くとき

入学したその日から，所謂「立腰」をしっかりと意識させます。立腰とは，腰骨を立てて椅子に深く座る姿勢です。①足の裏を床に"ピタッ"とつける，②お尻を後ろに引き，腰骨を"グッ"と前に出す，③肩や腕の力を抜きあごを引いて"リラックス"。おわかりかと思いますが，低学年は擬態語（オノマトペ）を効果的に使うとイメージがしやす

第3章 「学習規律・生活規律」 指導スキル16

く，合い言葉として活用できます。立腰なら『ピタッと・グッと・リラックス』です。さらに『手は，おひざ』が基本です。

（2）机に向かい，学習や作業・食事をするとき

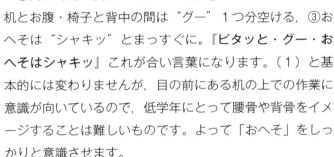

①同じく足の裏は"ピタッ"と，②机とお腹・椅子と背中の間は"グー"1つ分空ける，③おへそは"シャキッ"とまっすぐに。『**ピタッと・グー・おへそはシャキッ**』これが合い言葉になります。（1）と基本的には変わりませんが，目の前にある机の上での作業に意識が向いているので，低学年にとって腰骨や背骨をイメージすることは難しいものです。よって「おへそ」をしっかりと意識させます。

2 床での正しい座り方

体育座りは三角座りとも言われますが，足の裏とお尻と頭をつないで三角形をイメージできる子はそう多くありません。そこで大切なのはやはり立腰なのですが，ここでは坐骨を意識させます。お尻の下のゴリゴリした骨です。ゴリゴリ骨と，床や地面がピッタリつながるイメージです。『**ピタッと・ゴリゴリ・手はおひざ**』です。

（鹿野　哲子）

第3章●「学習規律・生活規律」指導スキル16

座り方を教える

　正しい座り方を習慣化させるためには、一人ひとりに目を配り、言葉をかけ続けるという根気強い指導が必要ですが、「そうせざるを得ない」環境を整える視点も欠かせません。また、成長著しい子どもたちです。その子の身長に合った机と椅子の高さになっているか常に確認・調整を行います。

意識を高めるための工夫

　「先生に言われるから」だけでなく、子ども自身の意識が教室の内外で高まるような環境づくりに留意します。
（1）掲示物などを通して、目に訴えかける。
（2）子ども同士で確認し合う場面をもつ。
（3）養護教諭や保護者との連携を図る。

傾向と対策

1 掲示物はイラストを大きく視覚に訴えるものを

　時折「姿勢がいいとこんな良いことがあります！」という説明の文章が、長々と書かれたポスターやプリントを見かけます。低学年の子どもたちにとっては、必要性や利点を説明されても、そのまま意識の向上にはつながりにくいという傾向があります。よって、掲示物はイラストを大き

くし，そのポイントが端的に伝わるようなものにします。一目見て「あっ，そうだった。気をつけよう！」と振り返られるようなポスターを，教室だけでな

〈掲示物の例〉
ピタッと・グー・おへそはシャキッ

く階段の踊り場など全校で統一した形で掲示すると，効果的です。

2 子ども同士で楽しくチェックを

例えば，朝の健康観察の後に保健係の子どもたちによる「かんたん体操」を行います。思いきり伸びをして，背中をまっすぐにしたり腰を左右にひねったりする体操を行い「今日の身体の調子も，きっと姿勢に現れてくるね」と伝えます。掲示物のような合い言葉を声に出しながら，ボディタッチや座り方チェックを隣の子同士で楽しみます。

3 教室・保健室・家庭がつながり意識の共有を

正しい座り方とは「身体に負担の少ない座り方」「重力に適した楽な座り方」とも言えます。座り方が悪いまま定着してしまうと，背骨が曲がったり内臓が圧迫されたりと身体の成長に悪い影響を与え，集中力や落ち着きが身に付かないことを各家庭へ啓発します。また，学校の保健目標とリンクさせ，"健康のプロ"養護教諭による姿勢についての出前授業をお願いすることも一つの手です。

（鹿野　哲子）

第3章● 「学習規律・生活規律」 指導スキル16

聞き方を教える

「良い聞き手が良い話し手を育てる」と言われます。話すという行為は相手意識に支えられて成り立つ部分が大きいからです。それだけに、望ましい聞き方を教えることは学級での生活や学習活動を充実させる上でとても大切です。

『聞く』の静と動

良い聞き方とは、聞き手が話し手の言いたいことを受け止めていることが、話し手に伝わるということです。受け止めていることを態度で示す「静」の聞き方、話し手にリアクションを返し、話をさらに広げ深める「動」の聞き方の両面から指導します。

傾向と対策

1 静：態度を教える

授業中のみならず、機会を捉えて日常的に次のことを徹底して指導します。教師も共に実行することが大切です。

①話し手に目と耳と心を向ける

いくら耳を澄まして話を聞いていたとしても、聞き手がそっぽを向いていては、話し手に伝わりません。「聴く」という漢字を分解すると目・耳・心が入っていることを子どもたちに話します。そして、話し手の方に顔や体を向か

せて聞くようにします。

②聞くことに徹する

①の「心を向ける」ことを具体的に態度で示します。いくら体を話し手に向けていても，手遊びやおしゃべりをしていては話し手に失礼であることを話します。話を聞くことだけに集中させます。

③話を最後まで聞く

興味のある話題になると，「あ，ぼくも知ってる！それはね……」などと，話の途中でつい口を挟みたくなってしまいます。しかし話し手が本当に伝えたいことはもっと後に控えているかもしれません。口を挟みたくなっても，時には話がたどたどしくても，最後まで聞くようにします。

2 動：リアクションを教える

話し手がどんなに一所懸命に話しても，聞き手からの好意的なリアクションがなければ，話し手の意欲はどんどん下がってしまいます。聞き手が話の内容に興味をもっていることがわかるようなリアクションが望まれます。

①うなずき

声に出さなくても，話を聞いて受け止めているということが話し手に伝わります。

②相槌

「ああ」「そうか」「確かに」のような，共感的なリアクションならば話の腰を折りませんし，話しやすくなります。

（斎藤　佳太）

第3章● 「学習規律・生活規律」 指導スキル16

聞き方を教える

聞き方を指導し，子どもたちは話し手が話しやすくなる態度やリアクションを身に付けました。話を聞くことを通して，考えを広げたり深めたりするために，聞き手の主体的な思考が欠かせません。

聞いたことからさらに考える習慣付け

聞き手から話し手に好意的な働きかけをすることで，話がより広がり，深まります。結果として，話し手・聞き手双方の自己有用感が高まります。

傾向と対策

1 子どもと子どもの思考をつなぐ

低学年の子どもたちは，担任の先生に自分の話を聞いてもらいたいという思いがとても強いです。しかし，話は学級の子どもたちにこそ聞いてもらいたいものです。発表が終わったとき，教師から聞き手に声をかけます。

「今のひろし君の話，みんなには伝わったかな。先生はよくわかったよ」

「今のようこさんの説明，どういう意味かな。説明できる人はいますか」

第3章 「学習規律・生活規律」 指導スキル16

聞き手だった子どもたちが，今聞いた話を自分なりに説明します。友だちの話したことと自分の考えを関連付けて，さらに思考を深めます。

2 オープンクエスチョンでさらに聞く

しつもんしよう！
たとえば？
それから？
もうすこしくわしく
おしえて。
ほかには？

聞き手が話し手に進んで質問をすることで，話し手が伝えたいことが詳しく，はっきりしてきます。図のように質問をまとめた掲示物を教室の目立つところに貼ります。掲示物にはオープンクエスチョン（答えが多岐にわたると期待できるような質問）が載っています。子どもたちがいつでも活用できるように教室環境を整えます。特に，ペアやグループで意見を交流する場面で役立ちます。

学級全体での意見交流のときに，教師も進んでオープンクエスチョンを使って聞くことで，そのような聞き方をすることが習慣となっていきます。

（斎藤　佳太）

第3章● 「学習規律・生活規律」 指導スキル16

話し方を教える

「話す」場面にはどのようなものがあるでしょう。2人で話す，グループで話す，みんなの前で話す……。相手で考えると，友だちと話す，先生と話す……。その場面や相手によって，話し方は変わってきます。

話すときのポイント

話すときに気を付けさせたいポイントは，話す規模に合った「声の大きさ」と，話す相手に合った「言葉遣い」です。具体的にイメージしやすいよう，例示したり，良い手本を示したりします。聞いて，見て，真似ることから始めると良いでしょう。

傾向と対策

1 声の大きさのイメージを共有する

声の大きさは3段階で表します。小（すずめ）⇒中（犬）⇒大（ぞう）など，動物に例えるとイメージを共有しやすくなります。声が小さい子には「まだすずめさんだなぁ。あともう少し！」や，声が大きすぎる子には「それは犬さんだね。もう少し小さくできるかな？」など声をかけます。そうすることで，子ども自身にも調節の目安ができきます。

第3章 「学習規律・生活規律」指導スキル16

2 言葉遣いを徹底する

　話す相手に合った言葉遣いを具体的に示します。目上の人と話すときや授業中は敬語を使うことを徹底します。敬語といっても難しく考えず，「～です」「～ですか」「～ます」「～ますか」のように語尾に気を付けて話すことを教えます。また，それと同時に，「目上の人」（敬語を使うべき相手）は誰かを具体的に示し，名前を呼ぶときには「さん」を付けて呼ぶことも徹底します。

3 話すときの型を教える

　「わかりやすく話す」ためのテクニックとして，話すときの型を教えます。低学年にとってわかりやすく使いやすいのは，頭括型で話す方法です。

　「はじめに一番伝えたいことを話す」「次に理由などを詳しく話す」ことを教えます。

　さらに，学級全体に向けて話すときには，「ジェスチャーを使う」ことも教えます。ジェスチャーを使うと，順序よくわかりやすく話すことができます。例えば，人差し指を出して「そのわけは2つあります」と指を2本出し，「1つめは～です」と指を1本出して，「2つめは～です」と指を2本出して話すという方法です。

　話し方の基本は，低学年のうちにしっかりと身に付けさせましょう。その際忘れてはならないことは，私たち教師が常にそのお手本となる姿を示すということです。また，学校生活の様々な場面において，話すときのポイントを意識して子どもと関わることが大切です。　　　（福川　洋枝）

第3章● 「学習規律・生活規律」 指導スキル16

6 話し方を教える ソフト編

　話すことが得意な子は，いつでも，どこでも，誰にでも話せるものです。では，苦手と感じている子にとって，話すことに抵抗感がなくなるにはどのような手立てが考えられるでしょう。

苦手意識を取り除く

　苦手意識を取り除くには，「楽しい」「できた」と感じられる機会を増やすことです。得意な子だけが活躍するのではなく，どの子にも同じように話す機会が与えられるよう，意図的に設定します。また，話す機会が「楽しい」と感じられるようにスモールステップにし，「できた」と感じられるように褒めたり評価したりしていきましょう。

傾向と対策

1 みんなの前で話す話し方

　学校は，みんなの前で話したり発表したりする機会がたくさんあります。話し方を身に付ける上で，一所懸命聞いてくれる聞き手の存在は必要不可欠です。朝の会などを活用し，発達に応じた活動を意図的に設定し，みんなの前で話す話し方を身に付けられるようにします。

① 「聞かれたことに答える」話し方

「質問コーナー」を設定し，聞き手と一緒になって「楽しい」と感じられるようにします。聞かれたことに答えることで，話すことが決まっていなくても話せた気になり，「できた」と感じさせることができます。

② 「理由を付け足す」話し方

「好きなこと紹介コーナー」を設定し，自分の趣味や特技を紹介します。好きなわけを付け足して話すことを条件に加えます。ジェスチャーを使って話すことで，整理して話す話し方を身に付けます。

③ 「筋道を立てて話す」話し方

「○○の作り方コーナー」を設定し，おもちゃや料理・お菓子作りなどについて紹介します。そのとき「まず，はじめに，次に，最後に」といった言葉を使うことを条件にします。その言葉を使うことで，順序よくわかりやすく話す話し方を身に付けます。

2 自信を付ける聞き方

聞き手は「がんばりさがし」をします。例えば，声の大きさや言葉遣い，ジェスチャー，順序を表す言葉など，活動に合った観点を示した「話し方がんばりカード」を全員に持たせます。1年生なら5点満点など，たし算しやすい数にすると良いでしょう。採点する際「最低でも3点以上付ける」などの約束を決めることも必要です。また，一人一人の良さを見つけて紹介することで，自信を付けられるようにしていくとさらに良いです。　　　　　（福川　洋枝）

第3章●「学習規律・生活規律」指導スキル16

7 並び方を教える ハード編

　整列は集団行動を効率よく行うための手段です。目的によって「名簿順」「身長順」などの種類がありますが，あくまでも「手段」です。時間をかけずに素早く並び終えることが大切です。

なぜ整列に時間がかかるのか

　整列に時間がかかる要因には「自分の位置を把握できていない」ことと，「整列し終えた後の行動が認識できていない」ことのどちらか，もしくは両方が考えられます。
　列を初めてつくる段階では，前者を中心に指導します。その後は後者の指導に重点を置きます。子どもたちが自分で判断して正しい行動をとることができるようになるためです。

傾向と対策

1 自分の位置を把握させる

①軽重をつけて指導する

　4月には新しい学級で整列指導の機会が多くあります。身長順の列。紅白の組み分け順，検診のための名簿順・男女別の列。いくつもの整列のバリエーションがあります。しかし，すべてを同じだけの力を注いで指導する必要はな

いはずです。よく使う整列の仕方をまず1つだけ選んで指導します。それ以外のものは担任が素早く指示します。

②**先頭の子どもに役割の大切さを理解させる**

列の起点になるのは先頭の子です。全員が動き出す目印になることを伝え,「一番大事な役目なんだよ」ということを話します。大切な役目を任せているから頼むね,というスタンスでいると,頼まれた子どもは意欲的になります。

③**前後左右にいるのは誰か覚えさせる**

教師主導により,最初の列をつくったら前後左右は誰なのかを覚えさせます。入学当初やクラス替え直後だと名前を覚えていないことも考えられますので,ここで互いに自己紹介させると印象づけることができます。覚えたかどうか確かめるために「解散」と「集合・整列」を何度か場所を変えて行い,練習します。整列の向きが変わると混乱する子もいます。「先頭が起点」という原則を徹底します。

2 整列後の行動を認識させる

教室移動のための整列は,その後に目的地まで歩きますし,体育や行事の整列は,その後に「話を聞く」という目的があります。並び終えた直後にどういう状態をつくるのか,視線はどこに向けるのか,その時々の目的に照らして,できているかどうかをフィードバックします。

「並び終えた後に,すぐに先生の方に顔を向けたね,えらいな!」と,目的を意識づけると,素早く整列できるようになっていきます。

(藤原　友和)

第3章●「学習規律・生活規律」指導スキル16

並び方を教える

 低学年の子どもたちは,他者から見て自分がどのように見えているのかという認識力が十分に育っていません。ですから,言葉ではなく,結果として「まっすぐ」になる方略を体感させる必要があります。

まっすぐに並ぶとはどういうことか

 「まっすぐに並ぶ」ことを達成するために必要な条件は,以下のものが考えられます。
・前の人の「真後ろ」に立つ。
・前後の位置関係を調節する。
・位置と姿勢を保持する。
 簡単なことのように見えますが,低学年の子どもたちにとっては難しい内容が含まれています。

傾向と対策

1 「真後ろ」に立ったときの視界を認識させる

 前の人の真後ろに立てたら,自分の鼻の先が前の人の頭の中心の線上に来ます。「2つ前の友だちの頭が見える？見えない人は100点！」と声かけすると,左右のズレが直ります。「前にならえ」の姿勢のときに「腕にラーメンどんぶり載せても大丈夫かな？」と全体に声をかけ,「A

君，OK！」「Bさん，こぼれそうかも」と一人ずつ評価します。具体的にイメージしやすいもので姿勢を意識させるわけです。このとき，自分の視界がどのようになっているか覚えて，いつでも再現できるようにします。

2 イメージを描いて位置関係を調整しやすくする

「前にならえ」の姿勢をとったまま，前後の位置関係を調整します。「ラーメンをこぼさないように腕を伸ばします」「前の人に届けます。が，ぶつかるとヤケドしてしまいますね。もしもぶつかりそうだったら……」「そうですね。下がります」と，イメージさせながら正しい距離を体感させます。つまずきがある子には，手を添えて動き方をサポートします。

3 「まっすぐに並べた」ことを見える化する

以上の指導は，教室なら床に線を引いて行います。体育館ならもともと床に引いてある線を利用します。先頭の子どもの右足がちょうど線を踏むように整列の起点を指示し，正しく「前の人の真後ろ」に立って「前後の位置関係を調節」します。すると，全員が線を右足で踏むことができます。整列位置と正しい姿勢を保持できた証拠です。

はじめは床の線を見せません。正しい視野と姿勢を確保しながら並んだときに，線をいつの間にか踏んでいる状態をつくります。そこで初めて床の線を全員が踏んでいることを告げます。「正しい視野の確保と姿勢の保持」の成功を見える化するのです。

（藤原　友和）

第3章● 「学習規律・生活規律」 指導スキル16

9 気をつけ・礼を教える

「気をつけ」で姿勢を正し，「礼」で会釈や敬礼をすることは，動作的に複雑ではないですが，低学年の子どもたちにとっては，正しく行ったり，揃えたりするという点でまだ難しいというのが実際です。大人になってもきちんとできるように丁寧に教えていくことが大切です。

わかりやすく伝える

低学年の子どもたちには，わかりやすい言葉で伝えることと，ピンポイントのみを伝えることを意識すると，スムーズにできるようになります。

傾向と対策

1 気をつけの型を教える

気をつけで難しいところは，力まずに背筋を伸ばして行うところです。背筋を伸ばすことについては，「背筋ピン」のかけ声で多くの子が意識することができます。しかし，変に力が入って肩がすくんでしまったり，胸を張りすぎてしまったりする子が出てきます。ここでは，「気をつけビーム」と声をかけ，自分の目線の高さで前を見るようにさせます。あごの位置や胸の張りが調整できます。それでもうまく目線を合わせられない子には，対象物となる手近な

ものを示します。「一番前の○○さんに気をつけビームを集めます」等と言って、みんなの目線を集めさせる意識をもたせるのも効果的です。

基本的な型ができたら、かかとを揃えたり、つま先を少し開いたり、口をしっかりと閉じたり等の細部も追加していけると、よりよい気をつけが身につきます。

2 礼の型を教える

礼の難しいところは、背中が丸まったり、頭だけを垂らしたりするような礼になりがちなところです。礼では、お尻に注意を向けさせます。「気をつけから、お尻を後ろにスッと突き出す」と声をかけます。尻相撲のイメージです。あとは、角度の調節です。「会釈」の15度程度の礼は「ちょん」、「敬礼」の30度程度の礼は「ドーン」等のように、わかりやすい言葉でお尻を突き出す度合いの違いを伝えます。角度に大きな差がある子には、個別に声かけをして、微調整を加えます。

基本的な型ができたら、手に注意させます。「腕をピン、太ももでずらす」と声かけすると、お尻に手を当てたり、前で組んだりすることがなくなります。

（太田　充紀）

第3章● 「学習規律・生活規律」 指導スキル16

10 気をつけ・礼を教える

ソフト編

気をつけ・礼の型を覚え，自信をもって実際の場面で取り組んでみると，タイミングが合わず，戸惑ってしまい，不安を抱えてしまう子がいます。

難しくさせる要因

大きく2つの要因があります。
①みんなと同じリズムで合わせることが難しいため
②相手をよく見て，反射的に動くことが難しいため
この2つのどちらか，または，両方に難しさを感じている子には，個別の補助的な関わりが必要になります。

傾向と対策

1 みんなと同じリズムで合わせるために

一般的に上体の下げ・上げは，1で下げ，2は維持し，3で上げます。リズムを合わせることに難しさを感じている子は，頭を上げるタイミングがずれてしまいます。

まずは，リズムを体得するために手拍子で拍をとる練習をします。最初は，手を取り，一緒に拍をとります。その後，向かい合わせで一緒に拍をとります。この段階で，速まる・遅れるといった傾向がつかめたり，または，リズムに合わせて体を動かすこと自体に難しさがあることをつか

めたりします。その傾向に合わせて練習に工夫を加えると，より効果的になります。リズムがつかめてきたところで，礼の動作を入れます。結果を急がず，励ましながら取り組むことがポイントです。

2 相手をよく見て，反射的に動かせるために

相手の礼に合わせる場合は，礼の直前の動きを察知して動き始めます。この動きを察知するために注意を向けて見ることにも，それに対し，反射的に礼を始めることにも難しさを感じている子は，タイミングが合いません。

まずは，礼をする相手の動きで察知すべきポイントを教えます。「静止する」や「一歩前に出る」等の動きに合わせて，「今」「ここ」等のように横から声かけをして教えます。つかめてきたら，一緒に言わせます。一人でも言えたら察知できるようになった証です。次に，礼を付け加えます。動き出しのタイミングをつかませるため，背中に触れて合図を送り，礼をさせます。最初は強めに押し，徐々に力を弱め，最後は合図なしでもできるようにします。スモールステップで体に覚えさせることがポイントです。

こちらの動きを鏡に映したように真似させる「まねっこ遊び」を折に触れ，させていくのも効果的です。相手に注意を向けて見る力や反応の速さが身についてきて，礼の仕方につながります。この際，「片手を挙げる」のような簡単なことから始めて，徐々に工夫を加えていくと楽しみながら力を付けていくことができます。

(太田　充紀)

第3章●「学習規律・生活規律」指導スキル16

返事・あいさつの仕方を教える

ハード編

「おはようございます＝お早い時間からご苦労様です」「こんにちは＝今日はご機嫌いかがですか？」「いただきます＝命に感謝していただきます」などは学校生活で使われるあいさつです。これらの語源を調べると，すべて「他者を思いやる言葉」が共通していることがわかります。

何のためのポイント指導なのか

あいさつが他者を思いやる言葉であれば，相手にその思いを届けるためにどんなコツがあるのでしょうか。それが「伝わる声の音量」や「相手の目を見る」のような，指導するポイントです。しかし，ポイント（形）ばかり教え込むのは価値ある指導とは言えません。

傾向と対策

1 あいさつの価値を教える

道徳や学活の時間にあいさつに関して授業をします。

（産経新聞「【熊本地震】ネパール人がカレーで『恩返し』」を掲示）この写真に写っている人は家族ですか？
　Ａ家族　Ｂ知り合い　Ｃ初めて会った人同士

正解は「Ｃ初めて会った人同士」です。

第3章 「学習規律・生活規律」 指導スキル16

返事・あいさつの仕方を教える／ハード編

　初めて会った人と一言も交わさずにごはんをもらったらどう思いますか？（お腹が減っていたら嬉しい，少し不安，もらった人は笑顔）安心したきっかけは「あいさつ」。「こんにちは」「ありがとう」というあいさつは人と人をつなげます。国が違っても互いの心の鍵を開けてくれるのです。

2 相手に届ける「あいさつ」のポイント

相手に届けるためのコツは以下の３つです。
①「大きい声」ではなく「高めの明るい声」
②はっきりとした発音
③声の方向は斜め上を目指して

3 相手に届ける「返事」のポイント

「返事は『はい』と言い，指先を天井に突き刺します」
　では，練習してみます。クイズです。これから先生が見せる「返事のしかた」の中で，一番いいのはどれですか？
①はいっ　②はーい　③はい！はい！はーい！

（「はいっ」と指先を天井に突き刺せているか確認をする）
（ほとんどの子が①を選ぶ）
「正解は①です！返事は指先を天井に突き刺し，『はいっ』と歯切れよく，一度で決めましょう」
　このようにして，「ポイントを示す→実際にやってみる→評価する」を繰り返しながら指導します。（中原　茜）

第3章●「学習規律・生活規律」指導スキル16

12 返事・あいさつの仕方を教える

ハード編のような指導を一度しただけでは，生活の中での実践力をつけることができません。実際の生活で指導した返事・あいさつをし続けることができるような環境にしていきます。

実践力をつける環境づくり

学校生活の中で，あいさつをするのは教室の友だちだけではありません。時には静かな職員室で，時には来校者に対して返事・あいさつをするときがあります。児童の想定外の場や相手に対しても適切な返事・あいさつができるような力をつけます。

傾向と対策

1 ロールプレイで楽しく実践

ロールプレイをしながら，時と場合に合う，適切な返事・あいさつを考えていきます。学級全体で職員室，教室，廊下のイラストを用意し「このときはどんなあいさつをすれば良いですか」と問います。実際にペアで行わせたり，教師が2つほど例を演じてみたりしながら話し合っていきます。その後，教

第3章 「学習規律・生活規律」 指導スキル16

室を左図のように職員室(座席には先生役の児童),教室(座席にはクラスメイト役の児童),廊下(校長先生や教頭先生役の児童数名が立ち歩く)に分けます。自由に立ち歩き,時と場合に応じて返事・あいさつの変化を加える練習をします。事前に話したポイントができていたり,工夫されている返事・あいさつの所作が見られたりしたら褒め,返事・あいさつの実践力をつけていきます。

2 あいさつへの意識が途切れないように

校長先生,教頭先生,学年の先生からあいさつに関しての感想やアドバイスを事前にもらって紹介したり,朝の教室の様子を撮影したりして自分のあいさつの現状を振り返ります。その後「自分や友だちのあいさつの良いところはどこかな?」「今よりも良くなるところはないかな?」と問い,一人一人で考えます。書いたことをペアやグループで交流し,良いところや改善点を共有します。共有したものを参考にし,明日から教室でできそうな個人目標を決めます。現状を把握する場を定期的に設定することで,あいさつを意識し続ける教室空間にしていきます。

3 バリエーション豊富な教師の反応

教師はあいさつで受け取った気持ちを返します。元気いっぱいなあいさつをされたら,元気いっぱいに返します。あいさつはしているが,少々元気のない児童であれば「おはよう…(そばに寄って)何かあったかな?」と一言添えます。自分が届けたあいさつが相手に伝わる喜びや安心をもたせることができます。

(中原　茜)

第3章●「学習規律・生活規律」指導スキル16

13 整然と整列，移動させる

ハード編

　学校生活において，クラスや学年単位で教室から移動することがあります。校内，校外で児童を素早く整列させ，整然と移動させることは，様々な学習活動を安全・円滑に進めるうえで必要です。

指導時期の重点化

　整列指導は何度やってもだらしなくなる時期が必ずあります。あまり口うるさく言うと逆効果です。4月当初や運動会前，進級を控えた3学期末など，子どもたちにとって必然性がある時期をねらって指導することが効果的です。

傾向と対策

1 短い時間で並ぶために

　整列までの時間を計ります。タイマーなどで正確に時間を計る必要はありません。目標となる秒数を伝え，担任の感覚で並ぶまでの時間を数えて「○秒」と教えます。「前より○秒短くなった」など，成長を評価していくことができます。「1……5……10」と数を飛ばしながら数えたり，「整列します。1！」と宣言したりすることも，子どもの意識を素早く整列することに向かわせるのに有効です。

第3章 「学習規律・生活規律」 指導スキル16

整然と整列，移動させる／ハード編

2 時には戻って整列をやり直す

だらしない並び方のときには，廊下から教室に戻って座らせ，もう一度整列をやり直さ

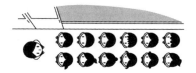

せます。自分たちの並び方がどうだったかごく短時間で反省を促し，静かに行動できるかどうか確認してからもう一度整列させます。このときの教師は静かに毅然とした口調で，整然と移動しなければいけない理由を話します。電気が消えた状態の教室で話すことも，厳しい雰囲気づくりに役立ちます。

3 移動中に列を止めて気付かせる

整列時には静かでも，移動を始めると話し始めてしまうこともよくあります。そのときには一度足を止め，静かになるのを待ちましょう。移動中に止まれば，ほとんどの子どもたちは何かあったかと教師の方に向きます。そこでそっと人差し指を口元に当てれば気が付きます。

移動し始めてから教室に戻ると，時間がかかり過ぎてその後の授業に影響が出たり，子どもの意欲が減退してしまったりすることがあります。よほど目に余る場合でない限りは教室に戻さず，その場で子どもたちに気付かせるようにしましょう。移動後に歩き方がどうだったか評価し，良かった点をたくさん見つけることで，歩き方は改善します。繰り返し根気よく指導しましょう。

（増澤　友志）

第3章●「学習規律・生活規律」 指導スキル16

14 整然と整列，移動させる

ソフト編

　整然と整列，移動することの意義は，校内では他のクラスの授業を邪魔しないこと，校外では安全に目的地に着くことなどがあります。その必要性を子どもたちにもきちんと説明し，普段から意識させる必要があります。

整列できないとき，移動がざわつくとき

　静かに整列できないときは，気持ちの切り替わりが付いていない場合が多いです。授業後のちょっと気の緩んだ状態のまま並ぶと，ざわついたまま整列することになります。

　また，整然と移動できないときは，列が途中で間延びして後ろの列が崩れている場合があります。次の授業に向けて気持ちの切り替えをさせ，列が崩れないように工夫することで，整然と整列し，移動させることを目指します。

傾向と対策

1　体育の時間に整列ゲームで練習

　4月の最初の体育は整列の練習の時間にします。学年合同で体育をすることで，行事や校外学習での整列・集合のしかたを合わせていくことができます。鬼ごっこから整列するゲームをすると，楽しく素早く並ぶ練習になります。

　先生が鬼になり，鬼ごっこをします。集団がばらばらに

なった後を見計らって笛を吹いて集合させます。担任は指で2列なのか4列なのか並び方も提示し，並んで座り静かになるまでのタイムを計ります。大切なのは，鬼ごっこで盛り上がっていたところから，急に静かになって並ぶところのメリハリをつけ，気持ちの切り替えを感じさせることです。

2 教室に戻るときに列を意識して歩く

体育館から教室に戻るとき，教師が先頭に立って歩きます。わざとまっすぐ出入り口に行かず，線の上を曲がりながら歩いてみせると，子どもたち

は喜んでついて歩きます。列を崩さず，離れないで歩くことを意識させることが重要です。

3 移動するときの教師の立ち位置を変える

列の先頭に立つときは，全体の速度を調整しながら歩きます。先頭の子には歩く速さを普段から伝えておきます。列の真ん中に立って歩く場合には，途中で列から遅れがちの子をフォローしながら歩きます。列の最後に立つときには全体の様子を見ながら，先頭から遅れないように声かけをしながら歩きます。

低学年は「何に気をつける？」と一言付け加えるだけで静かに歩けるようになることもよくあります。教室を出る前に机の上を片付ける，椅子を中に入れるなどのしつけも，整然と行動することにつながっていきます。（増澤　友志）

第3章● 「学習規律・生活規律」 指導スキル16

15 トイレの使い方を教える

ハード編

学校のトイレは家庭のトイレとは違い，多くの人が使用します。低学年の場合，服や床を汚してしまうことが多くあります。汚さずに使えるよう指導することが大切です。

正しい使い方を教える

具体的な場面指導を通して，正しい使い方を教えます。低学年の場合は，理解していても定着するまでに時間がかかるので，繰り返し指導を行うことが重要です。

傾向と対策

1 絵や写真を使って指導する

トイレに入ってから用を足すまでの手順を確認します。模造紙に流れを書き，全員で復唱させながら確認します。

> ①ノックする　②鍵をしめる　③洋服を下げる
> ④用を足す　⑤トイレットペーパーで拭く
> ⑥洋服を戻す　⑦流す　⑧汚れがないか確認する
> ⑨静かにドアを開ける　⑩手を洗う

具体的な場面をイメージしやすいよう，それぞれの場面を写真やイラストを使って教えます。家庭のトイレと大きく違うのは，①ノックする，⑧汚れがないか確認する，⑨

静かにドアを開けることです。多くの人が使用する場所であることを伝え、この３つに気をつける必要があることを教えます。トイレの使い方について書かれている絵本を使って指導を行うことも効果的です。

2 立ち位置と服の下げ方を確認する

便器周辺や洋服を汚さないために、立ち位置や服の下げ方を確認します。

立ち位置は、床に足型の印を書き、その中に足を入れて立つように指導します。つま先を外側に向けることが大切です。

洋服の下げ方は、床につけないように気をつけることが大切です。男子が小便器を使用する際には、下げすぎると跳ね返りで汚してしまいます。ひざの辺りまで下げるよう指導します。洋式便器の場合は、ひざ下まで下げます。

3 実際にトイレで指導する

実際にトイレで、服を着たまま使い方を確認します。小グループに分けて、一つ一つの動作を丁寧に確認します。使うことができても、汚さないように気をつけて使える子は多くありません。丁寧な指導を行い、気をつけて使用できるようにします。上手にできた時には褒めてやる気を引き出します。学年団や養護教諭と連携を取り、複数教員で指導にあたることが望ましいです。　　　　　（山河　愛）

第3章● 「学習規律・生活規律」 指導スキル16

16 トイレの使い方を教える

　学校のトイレに対して「汚い」というイメージをもつ子は少なくありません。気持ちよく使える場所となるようマナーを守り，次に使う人のことを考えることが大切です。

汚した場合の対応を練習する

　低学年の場合はトイレを汚してしまっても，そのまま放置してしまうことが多々あります。汚れた場合の対応を教え，練習します。練習することで，「汚してもきれいにすれば大丈夫」と安心感を与えることができます。

傾向と対策

1 トイレットペーパーの切り方を練習する

　低学年の場合，トイレットペーパーをうまく切ることができず，床に垂れ下がりくずが落ちていることがあります。トイレットペーパーを切る際には，斜め上に引っ張るときれいにできます。実際にトイレで何度か練習させ上手に使えるようにします。また，トイレの壁に写真やイラストで切り方を表示しておくと良いです。あまりうまくできない子が多いようであれば，通信等で家庭に練習してもらうよう呼びかけることで，定着を図ることができます。

第3章 「学習規律・生活規律」 指導スキル16

② 床のゴミを拾う練習をする

　床に落ちたゴミは拾うことが大切です。汚いという理由でそのままにしてしまうことが多くあります。そこで，新聞紙を丸めたものをいくつか用意し，拾って捨てる練習を行います。新聞紙で作ったゴミを使い練習を行うことで，抵抗感を減らすことができます。拾った後は，しっかりと30秒間手洗いをさせます。手を洗えば平気ということを教え，次の人のことを考えて行動できるように指導します。

③ トイレ掃除をする

　トイレへ行き，どこが汚れているのかを観察させます。便器周りの跳ね返りや，床にティッシュが落ちていることに気がつかせます。そして，掃除用の拭き取りシートやゴム手袋を用意し，実際に掃除させます。トイレ掃除は高学年が担当していることが多いです。日常の掃除とは別に，自分たちで掃除する機会を設けることで，汚さないように使おうという意識を育てます。家庭でのお手伝いとしてトイレ掃除に取り組ませることも効果的です。

④ 汚してしまった際の対応を練習する

　汚してしまった場合には，トイレットペーパーやブラシ，掃除用シート等できれいにすることを教えます。小便を床にこぼしてしまった場合は，ゴム手袋をはめて雑巾で拭きます。水を小便に見立てたり，新聞紙を大便の代わりとして用意したりしながら練習させると良いです。自分で片付けるのが無理な場合は，教師に知らせることを教え，放置させないようにします。

　　　　　　　　　　　　　　　　　　　　（山河　愛）

トイレの使い方を教える／ソフト編

あとがき

　「〇〇ちゃんが叩いた！」「何もしていないのに，バカって言われた……」「先生，ジャージを脱いでもいいですか？」どれもこれも，低学年を担任すると毎日のように耳にする訴えです。はたと教室を見渡すと，泣いている子，けんかしている子，片付けられなくて茫然としている子……。これまた，低学年の日常です。

　こんなとき，教師は何とかして「ちゃんとさせよう」と指導します。しかし相手は低学年。難しい言葉も理屈も理解することができません。ですからついつい，「ダメと言ったら，ダメでしょう！」という指導に終始してしまいます。身体が小さいということもあり，教師の権威を振りかざし，思い通りに従えることが可能なのです。

　しかしこれでは，教師の顔色を伺う子，叱られるかどうかで善悪を判断する子，あるいは指示されないと何もできない子にしてしまいます。つまり，自分で考え判断し行動するという，自立心や問題を解決する力が育たないまま大きくさせてしまう可能性があるのです。

　そもそも教師は，問題行動に対し，「どうしてちゃんとしないのだ」「どうしてそんなことばかりするのだ」という目で見てしまいがちです。しかし，低学年の場合，「知らない，わからなくてできない」「知っている，わかっているけどできない」ことに起因することが多いものです。

　ですからまずは道理を教え，できるようになるまで手を

あとがき

　添える指導が重視されるのです。言葉の理解が未熟な分，体験的に理解・納得させる指導が必要なのです。こうした指導が繰り返される中で，行為と言葉が一致し「わかる」ようになり，やがて「できる」ようになっていくのではないでしょうか。

　本書は「理解させるための指導」と「できるようにするための指導」を，スキルとして文章化しました。感覚的とも言われる低学年指導を言語化することは容易なことではありませんでしたが，指導を細分化し一つ一つを理論づけることは，日常指導の正当性を顧みる機会となりました。それはきっと，なぜダメか，なぜそうすべきかを考える子どもを育てることにつながるだろうと考えます。

　今回もまた，堀裕嗣先生に本書を編集するという望外の機会をいただきました。いつも刺激的な課題を与えてくださることを，この場をお借りしお礼申し上げます。ありがとうございます。また，共に産みの苦しみを味わった執筆者の皆様にも感謝申し上げます。互いの原稿を読み合う中で，一人では気付けない多くの課題を提示していただきました。そして，明治図書の及川誠さん，姉川直保子さんのご尽力なしに本書の完成はあり得ません。感謝の気持ちでいっぱいです。ありがとうございました。

　どうかこの本が，お読みくださった先生とその教室の子どもたちの幸せにつながりますように。

　　春を待つ夜空に舞う月白の雪を眺めながら

　　　　　　　　　　　　　2017年3月1日　宇野　弘恵

【執筆者一覧】

堀	裕嗣	北海道札幌市立幌東中学校
宇野	弘恵	北海道旭川市立啓明小学校
梅田	悦子	北海道美唄市立東小学校
増澤	友志	北海道札幌市立美園小学校
辻村	佳子	北海道斜里町立朝日小学校
鹿野	哲子	北海道長沼町立南長沼小学校
斎藤	佳太	北海道苫小牧市立美園小学校
太田	充紀	北海道美瑛町立美瑛小学校
藤原	友和	北海道函館市立万年橋小学校
中原	茜	北海道二海郡八雲町立東野小学校
中島	愛	北海道厚岸町立厚岸小学校
新川	宏子	北海道鹿追町立笹川小学校
高橋	正一	北海道利尻町立沓形小学校
齋藤	知尋	北海道旭川市立愛宕東小学校
福川	洋枝	北海道名寄市立名寄東小学校
小野	雅代	北海道網走市立白鳥台小学校
加藤	慈子	元・北海道函館市立北昭和小学校
山河	愛	北海道中札内村立中札内小学校

【編著者紹介】

堀　裕嗣（ほり　ひろつぐ）
1966年北海道湧別町生。北海道教育大学札幌校・岩見沢校修士課程国語教育専修修了。1991年札幌市中学校教員として採用。1992年「研究集団ことのは」設立。『スペシャリスト直伝！教師力アップ成功の極意』『【資料増補版】必ず成功する「学級開き」魔法の90日間システム』（以上，明治図書）など著書・編著多数。

宇野　弘恵（うの　ひろえ）
1969年，北海道生まれ。旭川市内小学校教諭。2002年より教育研修サークル・北の教育文化フェスティバル会員。現在，理事を務める。『学級を最高のチームにする！　365日の集団づくり２年』『スペシャリスト直伝！　小１担任の指導の極意』（以上，明治図書）の他，共著多数。

イラスト：木村　美穂

小学校低学年　生活指導すきまスキル72

2017年9月初版第1刷刊	©編著者	堀　　　裕　嗣
		宇　野　弘　恵
	発行者	藤　原　光　政
	発行所	明治図書出版株式会社

http://www.meijitosho.co.jp
（企画）及川　誠　（校正）姉川直保子
〒114-0023　東京都北区滝野川7-46-1
振替00160-5-151318　電話03(5907)6704
ご注文窓口　電話03(5907)6668

＊検印省略　　　組版所　株式会社アイデスク

本書の無断コピーは，著作権・出版権にふれます。ご注意ください。

Printed in Japan　　ISBN978-4-18-280315-4
もれなくクーポンがもらえる！読者アンケートはこちらから　→

NIE

いつでも・だれでも・どこでも 楽しく気軽に出来る 授業づくりのヒント

土屋武志 監修　碧南市立西端小学校 著

「社会を見る目」や情報リテラシーを鍛える！NIE授業

「教育に新聞を！」これからの子ども主体の学びを支えるものとして、新聞は格好の教材です。新聞比較によるリテラシー向上や、社会を見る目、「見方・考え方」を育てる取り組みなど、NIE授業づくりの基礎基本と情報活用能力を高める授業モデルを豊富に紹介しました。

B5判 96頁
本体 1,460円+税
図書番号 0957

よくわかる学校現場の 教育心理学
AL時代を切り拓く10講

堀　裕嗣 著

AL時代を切り拓く教師の生き方とは？世界を広げる10講

主体的・対話的で深い学び、いわゆるアクティブ・ラーニングが導入されるなど、激変する教育現場。AL時代を生き抜くには、教師は何をすべきなのか？「行動主義」と「認知主義」の学習理論、動機付け、メタ認知の視点から考える"AL時代を切り拓く"10の提案です。

四六判 144頁
本体 1,560円+税
図書番号 0989

THE教師力ハンドブック
特別支援学級の子どものための キャリア教育入門　基礎基本編　実践編

西川　純・深山智美 著

子どもの生涯の幸せを保障するために出来ることがある！

「特別な支援を必要とする子どもの一生涯の幸せを保障するために、学校が出来ることは？」保護者や施設、就職支援の方への実地アンケートをもとに、「学校卒業後を視野に入れた教育」「就労の仕組み」「今、卒業後の幸せのためにできる準備」とはどのようなものなのかを解き明かす、問題提起と提案の書。

基礎基本編
四六判 128頁 本体 1,500円+税
図書番号 2261

実践編
四六判 144頁 本体 1,600円+税
図書番号 1390

学級経営70 すきまスキル
低学年／高学年／中学校

堀　裕嗣 他編著

ハードとソフトで学級のつまずきを解消！微細スキル70

学級経営のつまずきは、実は遅刻した子への対応や日常の給食指導等における細かなズレの積み重ねが原因です。本書ではおさえておきたい学級経営のスキルを70の項目に分けて、「ハード編」として指導技術を、「ソフト編」として子どもに寄り添い支援する技術を紹介しました。

四六判 160頁
本体 1,800円+税
図書番号 2751, 2753, 2754

明治図書　携帯・スマートフォンからは **明治図書 ONLINE へ**　書籍の検索、注文ができます。▶▶▶

http://www.meijitosho.co.jp　*併記4桁の図書番号（英数字）でHP、携帯での検索・注文が簡単に行えます。

〒114-0023　東京都北区滝野川7-46-1　ご注文窓口　TEL 03-5907-6668　FAX 050-3156-2790